古文观止

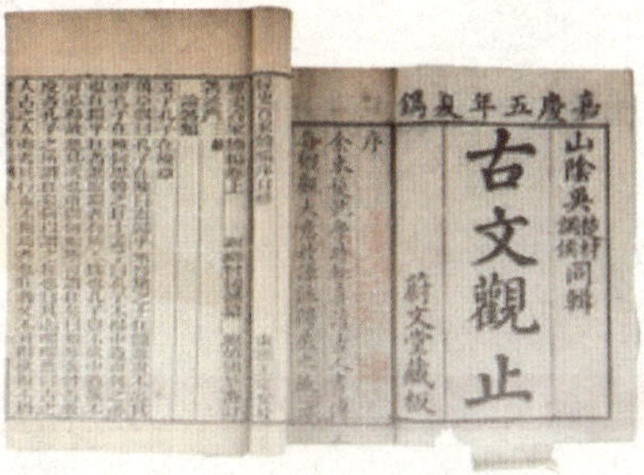

吴楚材◎著

北方妇女儿童出版社

目录 COTTON

序

中华民族要实现伟大复兴，必须有凝聚力。凝聚力的基础是人民具有民族自尊心、自信心，而民族自尊心、自信心的根本来源于对民族文化优秀传统的明确认知。

值得欣慰的是，博大精深的中华传统文化，蕴含着丰富的精神资源。生生不已的变易之道，居安思危的忧患意识，富贵不淫、贫贱不移的大丈夫气概，民为邦本的政治哲学，正德、利用、厚生相统一的精神物质兼顾的文明观，等等，都是开启今人智慧、滋养今人心灵的营养。

为了适应全民阅读的需求，我们本着以弘扬传统文化、传承中华文明为宗旨，精心设计了这套深入浅出，今古相合，适合全民阅读和理解古代先贤智慧的《中华国学经典全民阅读书库》。

本书特点鲜明，以采用多视角、多元化、多维度的图解式为启动引擎，每册图书分为六大版块：阅读图解、观古阅今、辅导讲坛、原典新释、古韵体验和延伸阅读；通过这些版块，详细生动地从不同功用上对丛书之每一国学经典进行全方位的介绍，辅助读者理解古籍中生僻难解之处，有益于在古诗文学习上的理解和提高。

国学，作为一种历史、一种传统、一种文化、一种非物质文化遗产，它所蕴藏的经验、智慧和启示，穿越时空延展至今。我们用它来化解心灵的危机，解释当下的生存困境，救赎迷惘的灵魂。我们正处在现代化进程中，需要从古籍中发掘中华民族固有的传统文化基因作为促进社会进步的重要支撑点，这正是全民阅读国学重要性之所在。

国学流传了几千年，不腐更不会朽，它是清新而流动的活水，万古长青，生机盎然。有鉴于此，我们组织学术界的一流专家，编辑了这套图书，以飨读者。

编者

2015 年 3 月

阅读图解

Yue Du Tu Jie

古文观止

阅读结构图解

No.1
阅读图解：这部分内容用和谐的色彩和图形来对本书作者、历史影响等内容进行解读，简单、清晰、直观，有利于读者轻松把控和阅读本书。

No.2
观史阅今：这部分包括本书的历史传承、影响，以及本书的历史地位、作用、意义等内容，起到点睛之笔的作用，能够让读者做到对经典著作的深入和精细化阅读。

No.3
辅导讲坛：用简短、精炼的语言对每一篇的内容进行概括、总结，以期读者更加快速地从宏观角度掌握本书的主要内容。

No.5
古韵体验：用体验的方式阅读，具有亲历性和验证性，当把书籍的内容用在实际中，是活学活用，也是学以致用，《古文观止》对我们理政、经商、治学、教育等均有广泛用途，有针对性地用在实践中，是我们阅读的目的。

No.4
原典新释：选取和本书相关的人物、图书、影视以及经典的词句、思想等内容，以增加读者的文化积淀，拓宽视野，培育创造力。

No.6
延伸阅读：这部分内容包括原典、注释、译文和铭记链接，侧重对原典的正确解读，注释译文力求简明准确，链接知识紧扣文本，重在凸显原典主旨，弘扬传统文化。

阅读提纲图解

1.《古文观止》以散文为主，兼顾骈韵二体，既有长篇大论，又有精短美文，反映出编者眼光的细致和周到。它在问世后的300多年里，成为最流行、最通俗、最广为人知、最有影响的初学古文选本，常作为私塾及学堂的启蒙读本，几乎家家备一本。

2.《古文观止》是由民间两位默默无闻的读书人吴楚材和吴调侯编辑成的。其评注详而不繁，以免方家翻检典故之劳；其解题深入浅出，裨益学子作文为人；其辨字审音谨严，尤其注重史实解说，地名核实，语言则通俗易懂。

原文部分参照多家白话文本及诸家注、疏、笺、校本，文章经梳理后，以中国现代标点符号标明句读，以方便读者阅读。

注释部分是对古今异义(异音)、生僻、难解等词语进行注释，力求准确严谨，古今相通，简洁明白，便于读者阅读。

周郑交质[1]《左传》

（隐公三年）

原文

郑武公、庄公为平王卿士。王贰于虢，郑伯怨王。王曰："无之。"故周、郑交质，王子狐为质于郑，郑公子忽为质于周。王崩，周人将畀虢公政。四月，郑祭足帅师取温之麦；秋，又取成周之禾。周郑交恶。君子曰："信不由中，质无益也。明恕而行，要之以礼，虽无有质，谁能间之？……君子结二国之信，行之以礼，又焉用质？……"

注释

①周郑交质：本文叙述了周天子与郑国国君各以自己的儿子为人质相互交换，从而暂时达成妥协，和双方均不信守诺言，最终交恶的经过，并就这一历史故事说明讲求诚信、遵守礼法对维持政权稳定的重要性。质，名词，抵押品，这里指人质。下文"质无益也"中的"质"，则为动词，意为相互交换人质。

3.《古文观止》辑录文章222篇，供二吴选摘的文献应数倍乃至数十倍于此。吴兴祚为吴楚材等提供了良好的读书条件。吴兴祚《序》中称，吴家私塾位于“三山之凌云处”。

4. 书名源于《左传》襄公二十九年条下的《季札观周乐》一文，吴国公子季札来到鲁国，当演到《韶箾》之舞时，季札赞叹道：“观止矣！若有他乐，吾不敢请已。”二吴便借此典故为他们的文集取“观止”二字为名。

古文观止

译文

平王东迁之后，周王室的威望大大下降，周天子的权力严重削弱，各诸侯国的国君常常自行其是，不听指挥。就在这种历史背景下，当时的强国郑国的国君武公和庄公父子，相继出任周王室的卿士——执政大臣，总揽大权，代表平王处理天下大事。需要说明的一点是，这一时期，虢国国君，也就是文中所说的虢公，也是王室的执政大臣，只是并无实权。武公死后，庄公当政。此人妄自尊大、目中无人，遇事往往独断专行，很少向平王报告、请示。由于大权旁落而早已心怀不满的平王，这时动起了心思，暗中谋划把实权授予他所信任的虢公一部分，以削弱庄公的权力。这事自然绕不过庄公，他得知平王的图谋之后，非常生气，便当面向平王表示他的不满，发泄他的怨愤。心虚的平王自然不会认账，竟不顾自己的天子之尊，向臣下当面撒谎，连声说：“没这回事儿，没这回事儿！”

经典语录

1. 由俭入奢易，由奢入俭难。宋・司马光《训俭示康》

2. 人生自古谁无死，留取丹心照汗青。宋・文天祥《过零丁洋》

3. 商女不知亡国恨，隔江犹唱《后庭花》唐・杜牧《泊秦淮》

4. 只解沙场为国死，何须马革裹尸还。清・徐锡麟《出塞》

译文部分参考诸家注、疏、笺、校本，以现代白话的形式解说文言文原文，以帮助现代读者理解原文，明白其意思。

经典语录是对文章内涵的延伸，所选内容和名言都是本书中知名度最高、对后人启发最深刻的，能够拓展读者视野，加深读者记忆，提高阅读质量。

作者年谱图解

《古文观止》

的作者是清初山阴（今浙江绍兴）人吴乘权、吴调侯叔侄俩。吴乘权，字楚材。他一生研习古文，好读经史。

康熙十五年（1676年）

吴调侯就在福州辅助先生教伯父之子学习古文，后竟以《古文观止》上、下册授馆终其一生。除参与选编《古文观止》外，他还同周之炯、周之灿一起采用朱熹《通鉴纲目》体例，编过一个历史普及读本——《纲鉴易知录》。大职，字调侯，也是嗜“古学”而“才器过人”。

康熙十五年到康熙三十四年

他一生的主要经历，是在家乡同叔父一道教书。二吴编撰《古文观止》费时有年。起初，他们只是为给童子讲授古文编了一些讲义。后来逐年讲授，对古文的见解越来越深，讲义越编越精，以致“好事者手录”而去，“乡先生”读后有“观止”之叹，劝他们“付之剞劂以公之于世”。

这样，他们才“辑平日之所课业者若干首”为一书。书稿编好后，即寄往归化（今呼和浩特市）请吴兴祚审阅。

兴祚

字伯成，号留村，为乘权伯父。他官至两广总督，时任汉军副都统。他“披阅数过”，以为此书于初学古文者大为有益，便于康熙三十四年（1695 年）端午节为书做序，且“亟命付诸梨枣”。

这样就有了《古文观止》最早的刻本。

作者简介

吴楚材（1655～？），名乘权，字子舆，号楚材，浙江清山阴州山（今绍兴）人。幼受家教，勤奋好学。16岁时，患足疾，一病数年，仍手不释卷。疾愈，学问大进，在家设馆授徒。曾多次应考，但屡试不中。

族伯吴兴祚时任福建巡抚，楚材24岁时投奔门下，受到器重，除公案书记之外，为其子伴读。兴祚谓楚材“天性孝友，潜心力学，工举业，尤好读经史，于寻常讲贯之外，别有会心”。后兴祚为两广总督，随之同往广州。

康熙十七年（1695），与侄吴调侯共同编成《古文观止》一书，共12卷，收录上自先秦、下至明末文章222篇，以散文为主，间收骈文。繁简适中，体例周密，选材得当，每篇末加简要评注，为旧时文学启蒙读本，流传甚广。据为《古文观止》作序的吴兴祚说，楚材“天性孝友，潜心力学，工举业”。调侯为人“奇伟倜傥，敦尚气谊”。

《古文观止》是清朝康熙年间山阴吴氏叔侄选编的一部供学塾使用的文学读本。“观止”一词出自《左传》记载的“季札观乐”故事：吴公子季札在鲁国观赏乐舞，当演出虞舜的《九韶》之后，季札赞叹道：“观止矣！若有他乐，吾不敢请已。”意思是说已经观赏了最高水平的了，其余的就不必再看了。编者以此冠书名表示“文集所收录的文章代表文言文的最高水平”，古文中的精华已经选尽了。这是一部无名的编者选定的名声极大的读本。编者吴楚材、吴调侯的身份仅为乡间塾师，可是《古文观止》300年来却流传极广、影响极大，在诸多古文选本中独树一帜。

著书时间

清朝初年吴兴祚自贡生授江西萍乡知县，以后历任山西大宁知县、山东沂州知州、江南无锡知县等职。康熙十三年(1674年)，他被超擢为福建按察使。康熙十七年(1678年)，吴兴祚因收降反清将领耿精忠的余众朱统铝部有功，被提升为福建巡抚。吴兴祚《序》中云“岁戊午，奉天子命抚八闽”，这与《清史稿》记载的时间是一致的。《吴兴祚传》又记载：吴兴祚因屡次击败盘踞厦门等地的郑锦余部，于康熙十八年(1679年)进秩正一品，于康熙二十年(1681年)擢升为两广总督。由此我们知道，吴兴祚在福建任巡抚的时间是从康熙十七年到康熙二十年，这三四年间正是吴楚材与吴调侯专注于研读古文的时机。

据《吴兴祚传》载，吴兴祚任两广总督四年，康熙二十四年(1685年)因御史参奏而降以副都统职任用。清朝总督为从一品，副都统为正二品，吴兴祚原以正一品官秩出任两广总督，现在改任副都统，系降职任用。康熙三十一年(1692年)，吴兴祚被授以归化城右翼汉军副都统，这是在八旗驻防将军之一的绥远城将军统辖下分防归化城事务的高级将领。归化城在今内蒙古自治区呼和浩特市境。吴兴祚任两广总督之时，吴楚材与吴调侯是否随从前往任所，已不得知。吴兴祚往归化城任职，吴楚材与吴调侯并没有随从，这可以从吴兴祚《序》中称"今年春，余统师云中，寄身绝塞，不胜今昔聚散之感。二子寄余《古文观止》一编。"数语得知。吴兴祚所云"今年"，即其《序》后所署的康熙三十四年(1695年)，由此知《古文观止》的脱稿时间应在该年的春季之前。

名家点评图解

鲁迅先生评价《古文观止》时认为它和《昭明文选》一样，“在文学上的影响，两者都一样的不可轻视”。

李凭说：“二吴编排文章，尽可能地注意到长短相间。对于各卷文字量的分配，也尽可能地做到均匀合理。这样，全书分列为十二卷，既不显得臃肿，也不觉得单薄，篇幅上恰到好处。”

吕思勉指出，《古文观止》这部书，是为科举时代学做八股文的人诵读的。做八股文要从无话可说处硬找话说，因此，它所选的有相当一部分是说空话发空论的文章。唐宋八大家是写文章的高手，但选入《古文观止》的往往不是最好的，主要原因就是此书主要选空发议论的文章。再一个原因，此书侧重选短文，有好些文章篇幅较长，就不予入选。

金克木说："读《古文观止》，可以知历史，可以知哲学，可以知文体变迁，可以知人情世故，可以知中国的宗教精神与人文精神，几乎可以知道中国传统文化的一切。"

黄肃秋撰文认为："(《古文观止》)所选文章都是脍炙人口、流行广泛的作品"，"它从每个时代中选取了各个作家的现实主义的最精炼的作品…… 更有广泛的代表性和群众性"

倪其心说《古文观止》"重点所收录的史籍及名家也是古代散文史中的主要代表著述及代表作家，因此其中选段与选篇是历来公认的著名篇章，也就具备了代表作品的特点与成就。实际上，它们大多是《中国文学史》著述中经常引用的代表性篇章。"

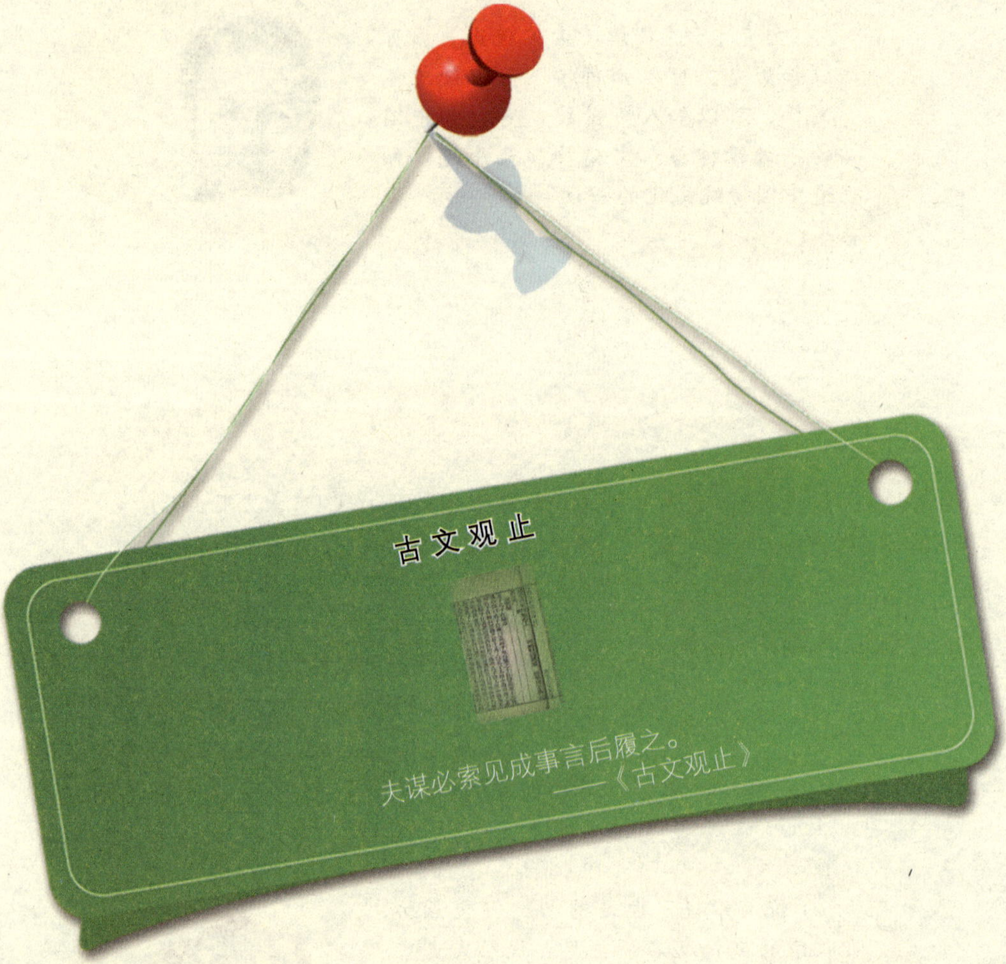
古文观止
夫谋必索见成事言后履之。
——《古文观止》

观古阅今

Guan Gu Yue Jin

古文观止

《古文观止》所选之文上起先秦，上迄明末，大体反映了先秦至明末散文发展的大致轮廓和主要面貌。其中包括《左传》34篇 、《国语》11篇、《公羊传》3篇、《礼记》6篇、《战国策》14篇，韩愈文17篇，柳宗元文8篇，欧阳修11篇，苏轼文11篇，苏辙文3篇，王安石3篇……共222篇。本书入选之文皆为语言精炼、短小精悍、便于传诵的佳作。衡文标准基本上兼顾到思想性与艺术性当然所谓思想性是以不违背封建正统观念为基准的。选者以古文为正宗，也不排斥骈文，收入4篇，在当时是难能可贵的；在文章中间或末尾，选者有一些夹批或尾批，对初学者理解文章有一定帮助；体例方面一改前人按文体分类的习惯，而是以时代为经，以作家为纬，值得肯定。

《古文观止》三百年间中国最通行的古文选本，中国散文清晰的发展脉络，一部细致独到的准文学史，一本最佳的古代传统文化读本，从文学的角度理解中华文明的幽深和博大历史知识分子的心路历程文学技巧的集中体现。成为最流行、最通俗、最广为人知、最有影响的初学古文选本，常作为私塾及学堂的启蒙读本，几乎家家备一本，海内风行。那么，它最突出的特点和优势是什么呢？《古文观止》之前的古文选本，大多依据昭明太子萧统《文选》的体例，分类繁琐，常以条目为主线，阅读使用时都很不简便。《古文观止》则以时代为纲，作者为目，将作者的各类文体作品集粹于一处，阅读方便，查看快捷，使读者对清代之前的散文史认识清楚，印象深刻。所以，《古文观止》的流行性与通俗性、权威性至今难以动摇，仍影响巨大，是青年首选的普及性古文选本，一版再版，依旧常售不衰。

虽然长期以来学人大多以普及读物看待《古文观止》，但是它的内容却典雅不俗。其中绝大部分作品，既有思想性又有艺术性，为古代散文的精华，传统文化的代表，并非一般普及读物可比。况且，这些作品的语言优美，易于记诵，文中不乏佳言警句，读后使人终身难忘。即使是学界巨子、文坛大师，也不能漠视它或否定它。因此，进入现代化、数字化的今天，这部宣扬传统文化的古文选集仍然家喻户晓。

应该说是中华传统文化的典范之作，充分体现关心社会和人民群众的“经世治国”精神。它包含的范围十分宽泛：有古人关于天人合一的哲学思考、探索与总结；有历代史学大家对当世政治军事、社会生活等各方面的真实记录；也有古人抒发真情而传唱至今的诗词歌赋；还有那些汇集自身与前人经验而成的、对后辈子孙的谆谆教诲之言。它们或蕴含着古圣先贤们的智慧深见，或承载着古人对人生、世态的感悟感慨，或记录着曾经一幕幕真实的历史过程……品读这些经典，如同饮啜醇酒，回味无穷。读者可以从中收获心得，换种角度重新品味当前的生活；也能够从中欣赏到古诗文的优美，陶冶自己的性情；可以还原那些尘封已久的历史场景，了解历史的真相；甚至可以学习古人行文中的美意巧技，应用到自己日常的遣词造句之中，别有一番趣味。

博大精深的中华民族优秀传统文化，造就了一代代倾心尽力、总结提炼人类智力成果精粹的学子。因此整理与复原中国经典原籍，磋商旧学，培养新知，应是我们今天的文化责任。我们应该传承与创新文化，引领可持续的发展。

显而易见，经典的价值的确无可厚非。但它们产生的时空毕竟离我们已过遥远了，远的有数千年以前的，近的至少也有一二百年。这就意味着，我们在阅读古代经典的时候，有必要进行思索和选择，选择最适合我们阅读、最有审美价值的部分，这样才能让阅读更有收获，让读书的体验更为舒心。

家藏“古文观止”就体察到了人们的这种需求。本着选取经典、还原经典的原则，从经典中选取最适读的典籍，保留下最为精华的篇章，以高水平的文本质量，将这道经典大餐原汁原味地展现在读者面前。轻松展卷，就开始我们品味经典的阅读时间了。原文解读既葆有古典的韵味，又让读者品读原意；栏目安排既有作者简介、题解，交代作品背景，又有注释、译文、评析，深入地解读作品；版面设计上则讲究让读者赏心悦目。这套丛书对自己的理念阐述得十分清晰：典籍中的经典，精粹中的精华；原汁原味地将先贤智慧清晰呈现，做到真正地便于阅读，加深理解。

中华人民共和国成立以后，特别是近十多年来，《古文观止》的许多译注本，都是用中华书局本为底本。中华书局本实有两种：一是1959年本。这是由原古籍刊行社转来的本子，此本“据映雪堂本断句，并校正了个别显著的错字”。二是1987年本，即安平秋点校本。此本虽以1959年本为底本，但用映雪堂原刻本复核过，用文富堂本、怀泾堂本、鸿文堂本参校过，还用相关史书、总集、别集所收古文校勘过，而且补录了二吴之《序》和乘权所撰《例言》。因而它是目前所能见到的最好的版本。

《古文观止》所选以散文为主，间有骈文辞赋，基本上均为历代传诵名篇，具有“永恒的艺术魅力”。编者以“观止”来冠名，恐怕确有当初吴公子季札观赏舞乐时那种由衷赞叹、溢于言表的心境。从这点来看，《古文观止》是一部形象的中国历代散文大观，也是一部活生生的散文发展历程。另一方面，《古文观止》虽为当时的蒙童和普通古文爱好者所选编，但一点也没有媚俗的气息，这些不朽的经典中，蕴含着丰富的历史知识、成熟的人生经验、艰深的文章美学，乃至博远的宇宙哲理。在中国浩森的散文之海里，优秀之作实在太多了，而《古文观止》所选作品真是做到了蒙童读来不高，学人读来不低，像家喻户晓的《唐诗三百首》一样，这两部选集堪称中国传统文学通俗读物的双璧。

阅读经典，普及经典，关注中国历史文化的传承与发展，为了中华民族文化的伟大复兴。

辅导讲坛

Fu Dao Jiang Tan

古文观止

本书的阅读，以多视角，多元化，多维度为启动引擎，在阅读时从两个主体部分着眼，就会得到相得益彰的效果。

一、版块辅导

全书共分为六大版块：阅读图解、观史阅今、辅导讲坛、原典新释古韵体验以及延伸阅读。

图形也是一种语言，但它比文字简练、直观、立体，同时也蕴含着丰富的信息。本书的阅读图解部分就是最好的证明，这部分内容是对整本书的结构概括、作者生平以及本书的历史影响及文学地位的直观展示。

接下来是观史阅今，读者可以从这部分概括性的语言中对本书的意义、传承、影响等方面有一个总体的了解。这样，在阅读原著的时候就能更轻松地领悟作者的思想精髓。

原典新释是本书的重中之重，它主要由原文、注释、译文和经典语录等知识版块组成。梳理原文，并对生僻难解的字词进行注释，同时还配有相应的译文，这些都有利于读者理解国学经典内容。此外，在每一篇文章后面都加了一个紧扣本篇内容的铭记链接知识。这样不仅能加深读者的记忆，而且还开阔了读者的视野，达到了全民阅读“品味经典，弘扬传统文化”的目的。

古韵体验，这也是当我们读完这本经典著作之后的收获和感想，都能领悟到作品哪些思想精髓，我们应该怎么做才能真正地弘扬中华传统文化实现中华民族的伟大复兴呢。

二、原著辅导

《古文观止》十二卷，收录中国古代散文二百二十余篇，包括周文三卷、秦文一卷、汉文两卷、六朝文半卷、唐文两卷、宋文两卷半、明文一卷，时间跨度极大。选文范围也十分广博，既能选篇于《左传》、《战国策》、《史记》等文史名著，也能兼顾语词相对晦涩的《公羊传》、《谷梁传》、楚辞文；既录有唐宋八大家的经典之作，也不排斥知名度较低的作家诸如钱公辅、李格非、方孝孺等的优秀作品，可谓轻重得宜，取舍有据。

《古文观止》所选文章篇幅适当，倡导先秦汉唐时的朴质文风，尤其推崇《左传》等先秦散文典籍及唐宋八大家的名篇，以求正本清源，而对六朝文、元文的重视度不够。整体选文以散文为主，如陶渊明《归去来辞》、刘禹锡《陋室铭》、苏轼《前赤壁赋》等，同时兼顾骈文、韵文二体。既录有《滕王阁序》、《原道》等长篇文章，又录有《春夜宴桃李园序》、《小石城山记》等精短美文，体现出吴氏叔侄编选标准的细致和周到。所谓“观止”，即要在衡文标准上达到思想性与艺术性的高度统一，《古文观止》庶几近之。其本身鲜明特点与突出优势使它在问世以来就一直成为最流行、最通俗、最广为人知、最有影响的古文初学选本。

《古文观止》以时代为经，以作家为纬，将每位作家的各类文体作品编排在一起，便于快捷查阅，使读者对散文史上的重要作家和作品了然于胸。其注释体例保持了清代初版的原貌，采取了“意译”和“直译”相结合的方式来疏通文本；在每篇文章中加上夹批或尾批，对文章进行独到而精辟的点评；篇末亦附有点校者的校勘记。选文论说抒情，写景状物，众体兼备，以其流行性、通俗性和权威性成为今天国学普及的最佳读本之一；其中不少作品也被选用于中学课本当中，如《曹刿论战》、《过秦论》、《陈情表》、《师说》、《六国论》、《五人墓碑记》等，还有部分入选高校的古代汉语教材，如《郑伯克段于鄢》、《烛之武退秦师》等。

《古文观止》所选文章以短篇为主，大多在千字以内，均能独立成篇，或议一事，或记一人，内涵丰富，寓意深刻。其中最短的文章是从《汉书》卷六《武帝纪》中录下来的《武帝求茂才异等诏》，仅仅68字，却气势遒劲，出神入化地表现了汉武帝敢于破格用人的雄才大略。又如列在刘禹锡名下的《陋室铭》，虽然只有81字，却运用各种描写手法井然有序地将陋室的环境和作者的品德与志趣活灵活现地描绘出来了。还如王安石的《读孟尝君传》，也只有88字，虽然他对孟尝君的批评似乎失于偏颇，但是却意见言外地表明着作者清高的思想境界。当然，《古文观止》中也收录了司马迁的《报任安书》等长达两千字以上的文章，但它们大多文字委婉，情感生动，可读性强，令人唯恐其短，不嫌其长。而且，在文章的编排中，二吴尽可能地注意到长短相间；对于各卷文字量的分配，也尽可能地做到均匀合理。

《古文观止》另一个受到基层欢迎的重要原因，是适合于启蒙性质的教育。《古文观止》能适合于启蒙教育，则与二吴为选文所作的夹批和篇末评语密切相关。正如吴兴祚《序》中所写的那样，“评注详而不繁，其审音辨字无不精切而确当”。二吴所写夹批的内容，既有对字词的注音、释义，也有对一个段落、一个层次乃至一个句子的阐释。后者大体上分为三类，一为指出写作技巧，二是点明作者语意，三系发表编者见解。又对选文作了精彩的评注，为我们的阅读平添羽翼。有时从文章句法和用字入手进行分析，如欧阳修《醉翁亭记》评语：“通篇共用29个‘也’字，逐层脱卸，逐步顿跌，句句是记山水，句句是记亭，句句是记太守，似散非散，似排非排，文家之创调也。”几句话就将这篇文章散中有骈的风致描述出来了。有时评语从身世人情入手，如《史记·屈原列传》评：“史公作屈原传，其文便似《离骚》，婉雅凄怆，使人读之，不禁唏嘘欲绝。要之，穷愁著书，史公与屈子实有同心，宜其忧思唱叹，低回不置云。”这段文字又将作者与传记主人公心灵的共鸣之处一笔点透，道出其感人魅力所在。这一段段评语不仅有助读作用，而其文字本身的清丽优美流畅婉转也给人以美的享受，因此这种二重审美又使《古文观止》增添了不少魅力。

《古文观止》是作者以犀利的视角，在广博的中华文海中撷采的最为绚丽、最有价值、最具代表性的精美古文，因而本书也是最为优秀的古文选本。数百年来，不仅读书人对之耳熟能详，一般群众也是对之喜爱有加，流传广泛。尽管因作者思想的局限性使选文有浓重的理学色彩，但它的确为读者搭建了一条最能领略古文精粹的捷径，因此盛誉不衰也是必然。

原典新释

Yuan Dian Xin Shi

古文观止

周郑交质① 《左传》

（隐公三年）

原文

郑武公、庄公为平王卿士②。王贰于虢③，郑伯怨王④。王曰："无之。"故周、郑交质，王子狐为质于郑，郑公子忽为质于周。

王崩⑤，周人将畀⑥虢公政。四月，郑祭足帅师取温⑦之麦；秋，又取成周之禾⑧。周郑交恶⑨。

君子⑩曰："信不由中⑪，质无益也。明恕⑫而行，要之以礼⑬，虽无有质，谁能间⑭之？……君子结二国⑮之信，行之以礼，又焉用质？……"

注释

①周郑交质：本文叙述了周天子与郑国国君各以自己的儿子为人质相互交换，从而暂时达成妥协，和双方均不信守诺言，最终交恶的经过，并就这一历史故事说明讲求诚信、遵守礼法对维持政权稳定的重要性。质，名词，抵押品，这里指人质。下文"质无益也"中的"质"，则为动词，意为相互交换人质。

②平王：即周平王，幽王之子，名宜臼，为避犬戎之乱，自镐京迁都成周，是为东周。成周在战国时更名为洛阳。洛阳故地在今河南洛阳。卿士：春秋时官称。其义有二：一，泛指卿、大夫、士；二，专指执政者。这里意为执政大臣。

③贰：贰心，意即心思另有所寄，不再专一。虢（guó）：春秋时诸侯国，分西虢、东虢，这里指西虢。

④郑伯：郑国为伯爵之国，所以史称郑国国君为郑伯，这里指郑庄公。

怨：抱怨，责难。

⑤崩：君主专制时代称帝王之死为崩。

⑥畀（bì）：给，授予。

⑦祭（zhài）足：即祭仲，郑国大夫。温：周地，故地在今河南温县。

⑧禾：这里指谷子等秋田作物。

⑨交恶（wù）：相互厌恶，彼此憎恨。

⑩君子：这里是作者的自称之辞。

⑪中：通“衷”，内心。“信不由中”，意为诚信仅仅停留在口头上或字面上，而不是发自内心。

⑫明恕：意为居心坦诚，待人宽厚。

⑬要（yāo）：约，约束。礼：礼法，即行为规范，

⑭间（jiàn）：动词，挑拨离间，分化瓦解。

⑮二国：周郑之间的关系，本来是中央与地方或上峰与下属的关系，而不是诸侯国与诸侯国的关系，作者有意无意把二者相提并论、等量齐观，称之为“二国”，显然是对周王室的贬低，对周天子的轻贱。

译文

故事发生在东周初年。

平王东迁之后，周王室的威望大大下降，周天子的权力严重削弱，各诸侯国的国君常常自行其是，不听指挥。就在这种历史背景下，当时的强国郑国的国君武公和庄公父子，相继出任周王室的卿士——执政大臣，总揽大权，代表平王处理天下大事。需要说明的一点是，这一时期，虢国国君，也就是文中所说的虢公，也是王室的执政大臣，只是并无实权。

武公死后，庄公当政。此人妄自尊大、目中无人，遇事往往独断专行，很少向平王报告、请示。由于大权旁落而早已心怀不满的平王，这时动起了心思，暗中谋划把实权授予他所信任的虢公一部分，以削弱庄公的权力。这事自然绕不过庄公，他得知平王的图谋之后，非常生气，便当面向平王表示他的不满，发泄他的怨愤。心虚的平王自然不会认账，竟不顾自己的天子之尊，向臣下当面撒谎，连声说：“没这回事儿，没这回事儿！”

后来，经过一番明争暗斗，双方竟达成了一个荒唐透顶的协议：为了表

示对庄公的信任，平王把自己的儿子送到郑国做人质；为了表示对天子的忠诚，庄公也把自己的儿子送到周王室做人质。这就是所谓的“周郑交质”。

为什么说此举不仅荒唐，而且荒唐透顶呢？因为这实在太不成体统。为君者，自轻自贱，把自己降格为诸侯；为臣者，狂妄自大，竟敢与天子平起平坐。这成何体统？也难怪作者称周郑为“二国”，把周视为一个诸侯国，平王也太不知自尊自重了。

作者认为，不讲求诚信，交换人质也于事无补。平王死后，周王室决定把权力托付给虢公，而郑国则在一年之内两次抢收周王室的庄稼，公然向周王室挑战、示威，就是明证。

臧僖伯谏观鱼[1] 《左传》

（隐公五年）

原文

春，公将如棠观鱼者[2]。

臧僖伯谏曰："凡物不足以讲大事[3]，其材不足以备器用[4]，则君不取[5]焉。君，将纳民于轨物者也[6]。故讲事以度轨量[7]谓之轨，取材以章物采[8]谓之物，不轨不物[9]谓之乱政。乱政亟[10]行，所以败也。故春蒐、夏苗、秋狝、冬狩[11]，皆于农隙[12]以讲事也。三年而治兵[13]，入而振旅[14]，归而饮至[15]，以数军实[16]，昭文章[17]，明贵贱，辨等列，顺少长，习威仪也。鸟兽之肉不登于俎[18]，皮革齿牙、骨角毛羽不登于器[19]，则君不射[20]，古之制也。若夫山林川泽之实[21]，器用之资[22]，皂隶[23]之事，官司[24]之守，非君所及[25]也。"

公曰："吾将略[26]地焉。"遂往，陈鱼[27]而观之。僖伯称疾不从。

注释

①臧僖伯谏观鱼：本文叙述了鲁隐公要放下政务，远离国都，去棠邑观看捕鱼，从中取乐，臧僖伯竭力劝阻，指出其所作所为违背礼法，是自乱其政，并告诉他，身为国君，当以国家为重，以游乐为轻，但是鲁隐公拒绝了臧僖伯的意见和建议，终于在历史上留下恶名。臧僖伯，即鲁公子姬弜（kōu），臧是其子孙的封地，僖是其谥号。鱼，动词，捕鱼。

②公：即鲁隐公。棠：鲁国邑名，距国都比较遥远，故地在今山东金乡。

③讲：讲习。大事：指祭祀、兵戎等关乎国家盛衰的重要事务。

④器用：特指用于祭祀、兵戎等大事的器物。

⑤取：这里意为做、办理。

⑥纳：诱导，使……进入。轨物：这里意为礼法、法度。

⑦度（duó）轨量：校正礼法、法度。度，动词，这里意为校正。轨，规范，规制。

⑧章物采：申明章法、规矩。章，通“彰”，动词，使……彰显，引申为申明。物，这里意为实用。

⑨不轨不物：既不合乎规制，又无关实用。

⑩亟（qì）：屡次，多次。

⑪春蒐（sōu）、夏苗、秋狝（xiǎn）、冬狩：指一年四季的狩猎兼习武活动。古代打猎，由于季节不同，猎取的对象也不同，因此有不同的名称。春季，只猎取不孕的禽兽，叫春蒐；夏季，只猎取危害夏苗的禽兽，叫夏苗；秋季，要顺应肃杀的秋气捕杀禽兽，叫秋狝；冬季，则无选择地围猎各种禽兽，叫冬狩。蒐，收集。狝，捕杀。

⑫农隙：农闲的时候。

⑬三年而治兵：每隔三年军队外出演习一次。

⑭振旅：整顿、训练军队。

⑮饮至：诸侯朝拜、会盟、征伐之后，在宗庙里举行的一种以饮酒来表示庆贺的仪式。

⑯数军实：清点士卒、车马、器械与所捕获禽兽的数量。

⑰昭文章：展示车服旌旗的华美。昭，彰显，展示。文章，花纹。

⑱俎（zǔ）：祭祀的时候用来盛放祭品的礼器。

⑲器：祭祀的时候所用的礼器。与上文的“俎”互文，二者含义相同。

⑳君不射：国君不必亲自去射取。

㉑实：产品。

㉒资：材料。

㉓皂隶：贱役，地位低下之人。

㉔官司：各有专职的官吏。

㉕及：过问，管理。

㉖略：巡察，巡视。

㉗鱼：这里指渔具。

译文

在春季的某一天，鲁隐公做出一个决定，他要到距离国都很远的棠邑去观看捕鱼，尽情玩一玩。

公子驱，即臧僖伯，听说之后，表示坚决反对，并力劝隐公不要去。他说："无论什么物品，什么事情，只要不能用来祭祀祖先、训练军队，不能用来制作礼器兵器，国君就不要亲自去过问它。国君的职责是什么？是诱导国民举止合乎法度，追求有实用价值的事物。如果国君不履行这种职责，就是自乱其政。经常实行乱政，国家就会衰败。所以外出打猎、习武，一年四季也各有规矩，并且都要选择在农闲的时候进行，不能任意而为。"

这位鲁国公子引经据典，说了半天，意思和主旨只有一个，那就是国君的职责是管好关乎国计民生的大事，其他事情——如外出观看捕鱼之类，千万不能做。鲁隐公不听臧僖伯的规劝，执意前往棠邑观看捕鱼，臧僖伯也很执拗，竟"称疾不从"，挺有气节！

齐桓公伐楚盟屈完[1] 《左传》

（僖公四年）

原文

春，齐侯以诸侯之师侵蔡[2]，蔡溃，遂伐楚。

楚子使与师言曰[3]："君处北海，寡人处南海，惟是风马牛不相及[4]也。不虞[5]君之涉吾地也，何故？"

管仲[6]对曰："昔，召康公命我先君太公曰[7]：'五侯九伯[8]，女实征之[9]，以夹辅周室[10]。'赐我先君履[11]，东至于海[12]，西至于河[13]，南至于穆陵[14]，北至于无棣[15]。尔贡包茅[16]不入，王祭不共[17]，无以缩酒[18]，寡人是征[19]；昭王南征而不复[20]，寡人是问。"

对曰："贡之不入，寡君之罪也，敢不共给？昭王之不复，君其问诸水滨[21]！"

师进，次于陉[22]。

夏，楚子使屈完如[23]师，师退，次于召陵[24]。齐侯陈诸侯之师，与屈完乘而观之[25]。

齐侯曰："岂不穀[26]是为？先君之好是继[27]。与不穀同好，如何？"

对曰："君惠徼福于敝邑之社稷[28]，辱[29]收寡君，寡君之愿也。"

齐侯曰："以此众战，谁能御之？以此攻城，何城不克？"

对曰："君若以德绥[30]诸侯，谁敢不服？君若以力，楚国方城[31]以为城，汉水以为池[32]，虽众，无所用之！"

屈完及诸侯盟。

注释

①齐桓公伐楚盟屈完：本文叙述了齐桓公联合七国诸侯伐楚，最后与楚国结盟的过程。盟，这里用做动词，订盟，结盟。屈完，楚国大夫。

②齐侯：即齐桓公。由于齐国是侯爵之国，所以史称齐国国君为齐侯。诸侯：指当时齐桓公联合的鲁侯、宋公、陈侯、卫侯、郑伯、许男、曹伯和他本人，共八个诸侯。蔡：春秋时国名，故地在今河南上蔡、新蔡、汝南一带。

③楚子：即楚成王。由于楚国是子爵之国，所以史称楚国国君为楚子。师：指齐、鲁、宋、陈、卫、郑、许、曹八国联军。

④风马牛不相及：本义为让马与牛雌雄彼此引诱、相互调情是根本不可能的，比喻当事者双方本来互不相干。风，雌雄相诱。

⑤虞：料想，预料。

⑥管仲：齐国大夫，字夷吾，名仲，曾担任齐相，辅佐桓公称霸天下。

⑦召（shào）康公：即召公奭（shì），周文王庶子，封于召（故地在今陕西岐山一带），谥号康。太公：即姜太公，姓姜，名望。由于他是齐国始封之祖，故称“先君太公”。

⑧五侯：即公、侯、伯、子、男五等诸侯，这里泛指天下诸侯。九伯：九州之长，这里泛指各地官长。

⑨女：通“汝”，你。征：征讨，征伐。

⑩夹辅周室：围绕在周天子前后左右，辅佐之。

⑪赐……履：即授予统治地盘。履，这里用做动词，践履。

⑫海：大海，即今东海、黄海一带。

⑬河：黄河。

⑭穆陵：齐国关隘名，故地在今山东临朐。

⑮无棣：齐国地名，故地在今山东无棣一带。

⑯茅：即菁茅，楚地特产，可以滤去酒中渣滓，使之清醇，是当时法定的楚国向周王室进献的贡品。包茅，就是裹扎成捆的菁茅。

⑰共：通“供”，进献。

⑱缩酒：就是以菁茅滤酒。

⑲征：这里意为问罪。下文“寡人是问”的问，也是问罪的意思。

⑳昭王南征而不复：昭王即周昭王。相传，周昭王曾外出南巡，渡汉水的时候，行至中流，因船坏而溺水身亡，未能返回王城。此事发生在一百多年前，齐桓公、管仲以此兴师问罪，显然是为伐楚找借口。

㉑问诸水滨：意为昭王之死究竟是怎么回事儿我们不清楚，你们去问汉水之滨的人吧。周昭王溺水身亡的时候，楚国的统治权力尚未达到他落水的

地方，这样说，是表示楚国与昭王之死无涉。

㉒次：驻扎。陉（xíng）：即陉山，在河南郾城境内。

㉓如：赴，去。

㉔召陵：楚地名，故地在今河南郾城。

㉕乘而观之：一同乘战车观看联军军容。此举意在炫耀武力，威胁楚人。

㉖不穀（gǔ）：当时诸侯们的自我谦称。穀，善，美。

㉗先君之好是继：意为把先君太公所建立起来的齐国与其他诸侯国的友好关系继承、延续下去。

㉘惠：表敬之词，意为承蒙给以泽惠。徼（yāo）：求，寻求。敝：自谦之词，意为不好。

㉙辱：表敬之词，意为让对方蒙受屈辱。

㉚绥：安抚。

㉛方城：山名，在今河南叶县境内。

㉜池：护城河。

译文

这年春天，野心勃勃的齐桓公联合鲁、宋等七国，与齐国组成八国联军，大举入侵蔡国。把蔡击溃之后，齐桓公又指挥联军乘势南下，去讨伐楚国。

楚成王得知此事之后，立刻派使者前往联军驻地，去见齐桓公。见了齐桓公，使者向他转达楚成王的话说："你们齐国地处北海，我们楚国地处南海，彼此相距很远，真是风马牛不相及，互不相干啊！没有想到您会率领联军进入我们楚国，这究竟是为什么呀？"

古往今来，霸权主义者对外进行侵略扩张，都要找一个冠冕堂皇的借口，使自己的行为具有某种合法性。这一次，齐国也不例外。管仲代表齐桓公回答楚国使者，而他为齐国辩护的理由却非常可笑，根本不能成立。他首先拉大旗作虎皮，包着自己吓唬别人，说当年召公曾授予齐国讨伐有罪的各国诸侯或地方官长，维护王室的权威与利益的大权，不论谁有罪，齐国都有责任和权力讨伐之。然后又列举楚国的两桩大罪，说楚国既然有罪，齐国前来讨伐楚国，是天经地义的。管仲所列举的楚国的两桩大罪是什么呢？一是不按时向王室进献菁茅，导致"王祭不共，无以缩酒"；二是"昭王南征而不复”。

第一条，是事实，楚国自知理亏，无话可说，只能认错；第二条，则完全是欲加之罪，楚国根本不认账——正是在这一点上，齐桓公和管仲弄巧成拙，碰了个软钉子。

楚国的这位使者很聪明，该认错的，赶紧认错，说“贡品不按时进献，是我们的罪过，今后一定要按时进贡”；不该认错的，则委婉地顶回去，说“昭王之不复”这件事儿与我们无干，如果要追究，就请你们找“水滨”之人去追究吧！

到了夏天，楚成王又派屈完为使者，到联军驻地议和。为了表示诚意，齐桓公率联军退驻召陵。

面对屈完，齐桓公对楚国又拉又打，软硬兼施。屈完不为所动。当对方以武力相威胁的时候，屈完说：“您如果以仁德安抚诸侯，谁敢不宾服？您如果动用武力，那么楚国就会以方城山为城墙，以汉水为护城河，坚决抵抗，你们的军队尽管强大，也毫无用处！”

经过周旋，屈完使楚国与八国达成和解，订立了盟约。

阴饴甥对秦伯① 《左传》
（僖公十五年）

原文

十月，晋阴饴甥会秦伯，盟于王城②。

秦伯曰："晋国和③乎？"对曰："不和。小人耻失其君④，而悼丧其亲⑤，不惮征缮⑥，以立圉⑦也。曰：'必报仇！宁事戎狄⑧。'君子爱其君，而知其罪，不惮征缮，以待秦命。曰：'必报德！有死无二⑨。'以此不和。"

秦伯曰："国谓君何？"对曰："小人戚⑩，谓之不免；君子恕⑪，以为必归。小人曰：'我毒秦⑫，秦岂归君？'君子曰：'我知罪矣，秦必归君。贰而执之⑬，服而舍之⑭，德莫厚焉，刑莫威焉！服者怀德，贰者畏刑，此一役⑮也，秦可以霸。纳而不定⑯，废而不立⑰，以德为怨，秦其不然⑱。'"秦伯曰："是吾心也。"

改馆⑲晋侯，馈七牢焉⑳。

注释

①阴饴（yí）甥对秦伯：鲁僖公十五年，秦国攻打晋国，两国在韩原展开激战，是为历史上有名的韩原之战。战争的结果是晋国战败，晋惠公被秦国俘获。后来，秦国君臣权衡再三，拟放回晋惠公，与晋国讲和。得知秦国的意向之后，晋国派阴饴甥向秦国求和。阴饴甥以晋国的武备为后盾，在秦穆公面前既不卑又不亢，以出色的外交手腕完成使命，使秦晋达成和解。本文记述了阴饴甥与秦穆公会谈的过程与内容，是一篇精彩的外交谈判记录。阴饴甥，晋国大夫，姓瑕吕，名饴甥，字子金，因食邑于阴地，所以又称阴饴甥。秦伯，当时的秦国国君穆公，春秋五霸之一。

②盟：订立盟约，双方结盟。王城：秦地，故地在今陕西朝邑境内。

③和：和谐，见解与主张一致。

④小人：指不当权的平民，与下文“君子”相对，君子则为当权的贵族、卿大夫等。君：指当时被秦国俘获的晋惠公。此人当初在秦穆公扶植下夺得政权，成为晋国国君，既立，又背叛秦国，在秦晋韩原之战中被秦俘获，后又被放回，是晋国第二十二位国君。

⑤悼：向死者表示哀伤与怀念。亲：指在秦晋韩原之战中丧生的亲人。

⑥不惮征缮：意为不怕征集财赋与修缮战车、盔甲的艰辛，准备打仗。惮，害怕。缮，修缮，修理。

⑦圉（yǔ）：晋惠公之子，晋国太子，名圉。在秦晋韩原之战中被秦国俘获并扣为人质，后得知其父惠公患病，逃回晋国。

⑧宁事戎狄：宁肯屈从、侍奉戎狄，也不屈服于秦国。戎狄，古代对我国西部少数民族的泛称。

⑨有死无二：宁可死亡也没有二心。

⑩戚：忧愁，忧伤。

⑪恕：这里意为体谅、谅解。

⑫我毒秦：晋国伤害并得罪了秦国。指晋国不报秦国的“三施之德”，严重伤害并得罪了秦国。所谓“三施之德”，指的是秦国对晋国的三次救援、帮助：晋国发生内乱，惠公出奔梁国，向秦求助，曾得到秦的支持；晋国再次发生内乱，惠公出奔秦国，被秦国收留，后又将其送回晋国并立为晋国国君；某年晋国发生严重饥荒，秦国运送大批粮食救助晋国，可是后来秦国发生饥荒，要求买晋国的粮食，晋国不但予以拒绝，还趁火打劫，出兵攻打秦国。

⑬贰：胸怀二心，背叛。执：捉捕，俘获。

⑭服：服罪。舍：释放。

⑮一役：一事。

⑯纳：接纳。定：安定，安稳。

⑰废：罢黜。立：这里指把晋惠公放回晋国，让他继续当国君。

⑱秦其不然：秦国大概不会这样做。

⑲改馆：改而馆，即改变生活待遇，请其住进迎宾馆。

⑳馈：赠送。七牢：牢的本义是古代祭祀时用的牺牲，这里指牢礼，即古代以牛、羊、猪三牲宴饮宾客之礼。牛、羊、猪各一为一牢，七牢则是牛、羊猪各七。馈七牢，是表示优礼有加，对客人极为友好。

译文

鲁僖公十五年，晋国与秦国之间爆发韩原大战，结果晋国一败涂地，晋惠公也被捉，成了秦国的俘虏。后来，秦国君臣经过再三权衡，觉得一时难于征服晋国，与其扣住晋惠公，不如把他放回去，以缓和两国之间的紧张关系。得知秦国的意向后，晋国派大夫阴饴甥赴秦求和。到了秦国，阴饴甥在秦地王城与秦国国君穆公举行谈判，并取得成功，双方在那里订立盟约，秦国郑重承诺释放晋惠公。

会谈时，秦穆公一上来就问："你们晋国上下意见一致吗？"

阴饴甥回答说："不一致。在如何对待贵国，与贵国相处问题上，有两种意见。一种是小人的意见，一种是君子的意见，前者缺乏远见，后者富有卓识。我倾向于后者。小人只为失去国君而感到羞耻，并为战死的亲人而悲伤。非常怀念他们，因此不害怕为征集财赋和修理战车、盔甲而付出辛劳，决心再与贵国一战，然后拥立太子圉为国君。他们说：'一定要报仇雪耻！宁可屈从、侍奉蛮族戎狄，也绝不向秦国低头。'君子则不然，他们既爱戴自己的国君，又知道他曾经犯下的罪过，他们也不害怕为征集财赋和修理战车、盔甲而付出辛劳，以等待贵国发出释放我国国君的命令。他们说：'我一定要报答秦国的大恩大德！宁肯死亡，也绝不会对秦国胸怀二心。'正是由于存在这两种人，所以我们晋国意见并不一致。"

秦穆公又问："你们晋国人对你们国君的命运有什么议论？有怎样的估计？"阴饴甥回答说："小人对国君的命运深感忧虑，说他难免一死；而君子则很能理解、体谅别人，说贵国一定能放我们的国君回来。小人是这样说的：'我们伤害并得罪了秦国，秦国怎么会把我们的国君放回来？'而君子却说：'我们已经知道自己犯下了罪过，秦国一定会原谅我们，把我们的国君放回来。'他们还进一步分析说：'我们的国君由于背叛友邦而被友邦俘获，后来又由于向友邦服罪而被友邦释放，这种恩德是多么巨大呀，这种刑罚是多么威严呀！据此推断，将来服罪的诸侯都会感念秦国的恩德，胸怀二心的诸侯都会畏惧秦国的刑罚，经过俘获又释放我国国君这一件大事，秦国就可以称霸于诸侯了。如果秦国当初收留他，并扶植他做国君，后来却不让他安然做国君，现在扣住他，不把他放回来重新复位，使恩德变为怨仇，这样的事我估计秦国是不会做的。"听了阴饴甥这番话，秦穆公连连点头，说："对对对，我正是这样想的啊。"

于是，秦国很快改善了晋惠公的处境，先是把他迎进国宾馆去休养，接着又赠送一份七牢大礼，表示慰问之情和道歉之意。

子鱼论战① 《左传》

（僖公二十二年）

原文

楚人伐宋以救郑②，宋公③将战。大司马固谏曰："天之弃商久矣！君将兴之，弗可赦④也已。"弗听。

及楚人战于泓⑤。宋人既成列，楚人未既济⑥。司马曰："彼众我寡，及其未既济也，请击之！"公曰："不可。"既济而未成列，又以告。公曰："未可。"既陈⑦而后击之，宋师败绩。公伤股⑧，门官⑨歼焉。

国人皆咎⑩公。公曰："君子不重伤⑪，不禽二毛⑫。古之为军也，不以阻隘⑬也。寡人虽亡国之馀，不鼓⑭不成列。"

子鱼曰："君未知战。勍⑮敌之人，隘而不列，天赞⑯我也，阻而鼓之，不亦可乎？犹有惧⑰焉。且今之勍者，皆吾敌也，虽及胡耇⑱，获则取之，何⑲有于二毛？明耻教战⑳，求㉑杀敌也。伤未及死，如何勿重？若爱㉒重伤，则如勿伤；爱其二毛，则如服㉓焉。三军以利用也㉔，金鼓以声气也㉕。利而用之，阻隘可也；声盛致志㉖，鼓儳㉗可也。"

注释

①子鱼论战：齐桓公死后，宋襄公一心想在诸侯中称雄，成为号令天下的新霸主。为此，他不顾本国国力衰弱，不听大臣劝阻，于鲁僖公二十二年，在泓水之滨与楚国进行决战。对阵时，他又以一套不合时宜的军事思想指挥作战，结果不仅宋军遭到惨败，他自己也身受重伤，使宋国从此一蹶不振。本文叙述了泓水之战的过程，和战后子鱼对宋襄公的责难，以及子鱼的军事主张。子鱼，即宋国公子目夷，名固，宋襄公庶兄，由于是宋庄公之孙，所以又称公子固，曾任宋相和大司马。大司马是春秋时掌管一国军政事务之官。

②楚人伐宋以救郑：鲁僖公二十一年，各国诸侯在于盂地会盟，当时郑文公曾倡议尊楚国为盟主。次年，郑文公又赴楚行朝见礼，这使宋襄公怒不可遏。遂大举伐郑，楚文王则袭宋救郑。于是便发生了宋楚泓水之战。

③宋公：即宋襄公。由于宋国是公爵之国，所以史称宋国国君为宋公。宋国国君及其族人是商王后裔。武王灭商后，封商王纣之子武庚于商旧都（故地在今河南商丘）。成王时，武庚因叛乱而被杀，又以封地与纣之庶兄微子，号宋公，是为宋国。下文“天之弃商”、“亡国之馀”，便是就此而言的。

④赦：宽恕，饶恕。

⑤泓：泓水，在今河南商丘境内。

⑥既济：渡过河。既，已经。济，渡河。

⑦陈：通“阵”；这里用做动词，意为布战阵。

⑧股：大腿。

⑨门官：守卫宫门之官。按当时制度，由贵族子弟担任，平时守卫宫门，战时随国君出征，充当卫士。歼：这里意为被歼。

⑩咎：责备，责难。

⑪重（chóng）伤：再次杀伤已经受伤的敌方官兵。

⑫禽：通“擒”。二毛：头发花白而呈黑、白二色的人。

⑬阻隘：这里指处于险隘（绝境）的敌人。

⑭鼓：攻击。

⑮勍（qíng）：强大。

⑯赞：帮助。

⑰犹有惧：意为还担心不能取胜。

⑱胡耇（gǒu）：老人。

⑲何：何况，况且。

⑳明耻教战：意为教导士兵，让他们知道什么是军人的耻辱，以此激励他们勇敢作战杀敌。

㉑求：这里意为目的。

㉒爱：同情，怜悯。

㉓服：这里意为投降。

㉔三军：春秋时，大国军队置中军、左军、右军，统称三军；这里泛指军队。利用：把握有利时机发动攻击。

㉕金鼓：古代作战，击鼓进军，鸣金收兵。金指收兵时用的铜钲。鼓指

进军时用的大鼓。声气：鼓舞士气。

㉖声盛致志：金鼓之声盛大，鼓起了士兵的勇气。

㉗鼓：这里意为击鼓进军，攻击敌人。儳（chán）：参差不齐，这里指阵势尚未布好的敌军。

译文

鲁僖公二十二年，急于成为新霸主的宋襄公出兵大举讨伐郑国；而一向看不起宋襄公的楚成王便乘机出兵袭宋，以解救郑国。这样，宋楚之战就在所难免。宋襄公在强敌面前也不甘示弱，遂决定应战，与楚国一决雌雄。此时担任宋国大司马，主持军政大计的公子子鱼不赞成这样做，就劝阻宋襄公说："我们身为商人后代子孙，应该清醒地认识到上天抛弃商人已经很久了啊！要想复兴商朝，是不可能的。而您却一心想复兴商朝，这有违天意，上天不会宽恕您呀。"可是宋襄公却不听子鱼的规劝，决意与楚国在泓水之滨展开决战，打败楚军。

泓水之战的现场情景颇有戏剧性，甚至有点匪夷所思。古代打仗，有一定程序，即先排兵布阵，再击鼓进军，继而展开厮杀，最后鸣金收兵。宋楚两军之间隔着一条河——泓水，楚军攻击宋军，得先渡过泓水。宋军由于熟悉地形，很快就排完了兵，布好了阵，而楚军的大队人马却还在那里渡河，大部分士兵都在水里。子鱼见状，赶紧对宋襄公说："此战的形势是敌众我寡，我方应该趁敌人还没有上岸，赶快对他们发起攻击。请您下令吧！"不料宋襄公却说："我们不能这样做。"等到楚军渡过泓水，但还没排完兵、布好阵的时候，子鱼又向宋襄公提出上述建议，宋襄公的回答仍然是"我们不能这样做"。直到楚军排兵布阵完毕，做好了战斗准备，宋襄公才下令发起攻击。出乎宋襄公意料的是，与对方一交手，宋军很快便被打得溃不成军，连宋襄公的贴身卫士也被全部消灭，他本人还被击中大腿，受了重伤。——历史上这场著名的泓水之战，以宋国惨败而告终。

战后，宋国上下一致责备宋襄公，说临阵指挥失当，招致惨败。宋襄公却说："君子用兵打仗，决不再杀伤已经受伤的敌人，不活捉头发斑白上了一点儿年纪的人。古人打仗，有一个规则，即不攻击陷入险境的敌军。我虽然是已经亡国的商人的后代，也要效法古人，决不下令攻击还没有排好阵势的敌人。"

子鱼听了，觉得既好笑，又可气，便批评宋襄公说："君王，您根本不懂得什么是战争。强大的敌人既遇到险阻，又没有摆好阵势，这正是上天给我们提供的帮助呀，趁敌人陷入险境向他们发动攻击，有什么不可呢？尽管如此，还恐怕未必能取胜哩。更何况眼下的强悍之军，都是我们的敌人，即使是年迈的老人，只要能活捉也要把他们活捉了呀，更不用说那些头发斑白的人了。平时教导士兵懂得临阵怎样做可耻、怎样做光荣，教会他们如何作战，目的就是为了尽可能多的杀死敌人。敌人如果仅仅是受了伤，还没有死亡，仍然能跟我们拼杀，怎么可以不再杀伤他们呀？如果出于怜悯而不再杀伤，还不如起初就不杀伤他们哩；如果出于怜悯而不活捉头发斑白上了一点儿年纪的人，这跟向敌人投降有什么区别？指挥作战的原则是，三军根据有利形势，相机而动；鸣金以齐号令，击鼓以壮声势。既然要根据有利形势相机而动，那么敌人陷入险境而攻击之，是完全可以的；既然鸣金击鼓是为了激发斗志，那么敌人立足未稳、阵容不整而攻击之，也是完全可以的。”

祁奚请免叔向① 《左传》

（襄公二十一年）

原文

栾盈出奔楚②。宣子杀羊舌虎③，囚叔向。人谓叔向曰：“子离④于罪，其为不知⑤乎?”

叔向曰：“与其死亡若何⑥？《诗》曰：‘优哉游哉，聊以卒岁⑦。’知也。”

乐王鲋⑧见叔向曰：“吾为子请⑨。”叔向弗应。出，不拜⑩。其人皆咎⑪叔向。叔向曰：“必祁大夫。”室老⑫闻之，曰：“乐王鲋言于君，无不行，求赦吾子，吾子不许；祁大夫所不能也，而曰必由之，何也?”叔向曰：“乐王鲋，从⑬君者也，何能行⑭？祁大夫外举不弃仇，内举不失亲，其独遗我乎⑮?《诗》曰：‘有觉德行，四国顺之⑯。’夫子，觉者也。”

晋侯⑰问叔向之罪于乐王鲋，对曰：“不弃其亲，其有焉⑱。”

于是，祁奚老⑲矣，闻之，乘驲⑳而见宣子，曰：“《诗》曰：‘惠我无疆，子孙保之㉑。’《书》曰：‘圣有谟勋，明征定保㉒。’夫谋而鲜过㉓，惠训㉔不倦者，叔向有焉。社稷之固㉕也。犹将十世宥㉖之，以劝㉗能者。今壹㉘不免其身，以弃社稷，不亦惑乎？鲧殛㉙而禹兴；伊尹放大甲而相之，卒无怨色㉚；管、蔡为戮，周公右王㉛。若之何其以虎也弃社稷？子为善，谁敢不勉，多杀何为?”宣子说㉜，与之乘㉝，以言诸公㉞而免之。

不见叔向而归。叔向亦不告免焉而朝㉟。

注释

①祁奚请免叔向：晋国德高望重的老臣祁奚告老还乡以后，得知大夫叔向无辜获罪，便不顾自己年迈体衰，全力奔走营救，成功后又不居功图报；叔向获释后，不是先去拜见祁奚，向他道谢，而是立即朝见国君，为国事奔忙。本文记述的就是这个故事，称赞了二人的君子风范。祁奚，晋国大夫，

晋平公时曾任公族大夫，德高望重。叔向，即羊舌肸（xī），羊舌虎之兄，晋国大夫。

②栾盈：晋国大夫。当时，晋国公室衰败，权力为六卿（范氏、中行氏、智氏、韩氏、赵氏、魏氏）所操纵，他们之间相互倾轧，争权夺利，充满血腥残杀。栾盈出逃，是在与权臣范宣争斗中失败所致。

③宣子：即范宣子，晋国执政大夫。羊舌虎：晋国大夫，又称叔虎，叔向之弟，是栾盈的同党。

④离：通“罹”，遭遇，遭受。

⑤知：通“智”，明智。“其为不知”，是当时某些人的看法，认为叔向不投靠范宣子是不明智的。

⑥若何：意为两相比较，又怎么样。

⑦“优哉游哉，聊以卒岁”：《诗经·小雅·采菽》中“优哉游哉”一句之下是“亦是戾矣”，而非“聊以卒岁”。本文中这两句诗的意思是君子如果生逢乱世，应该远离尘世是非，悠然自得，尽享天年。

⑧乐王鲋（fù）：晋国大夫。

⑨吾为子请：这是讨好叔向的话，意思是我打算为你向国君求情，请求赦免你的罪过。

⑩出，不拜：意思是乐王鲋从牢房退出，叔向也不向他致谢。

⑪咎：责备。

⑫室老：羊舌氏家臣的头领。

⑬从：顺从。

⑭行：做，做某件事。

⑮祁大夫外举不弃仇，内举不失亲，其独遗我：晋悼公在位时，祁奚向朝廷举荐人才，先举荐自己的仇人解狐，解狐死后，又举荐自己的儿子祁午继之，这就是历史上著名的“外举不避仇，内举不避亲”的故事。遗，遗弃，漏掉。

⑯“有觉德行，四国顺之”：这两句诗出自《诗经·大雅·抑》，意思是统治者具备了公正无私的德行，天下都会归顺他。觉，正直，公正无私。四国，天下。

⑰晋侯：即当时的国君晋平公。

⑱有焉：意思是有可能或有嫌疑。

⑲老：指祁奚告老还乡，退休在家。

⑳驲（rì）：古代驿站供高官乘坐的专用车。

㉑“惠我无疆，子孙保之”：这两句诗出自《诗经·周颂·烈文》，意思是周文王、周武王赐给百姓的恩惠很多很多，他们的子孙又保持这种爱民风范。

㉒“圣有谟勋，明征定保”：这两句话出自（伪古文）《尚书·夏书·胤征》，意思是圣人有谋略与功勋，应当相信并继承他们的精神。谟，智谋，谋略。

㉓鲜（xiǎn）：少。过：过失，过错。

㉔惠：这里意为关怀爱护别人。训：这里意为训导、教诲别人。

㉕社稷之固：朝廷柱石或国家栋梁。以下“社稷”均指朝廷重臣。

㉖十世：很多代后世子孙。宥（yòu）：宽恕，原谅。

㉗劝：劝勉，规劝勉励。

㉘壹：即一，指羊舌虎一案。

㉙鲧（gǔn）：夏禹之父。殛（jí）：杀死。据古代传说，鲧由于未完成舜帝交给他的治理黄河水患的使命，而被杀死于羽山之野。这句话是说不要因此而废与此有关的彼。

㉚伊尹放大（tài）甲而相之，卒无怨色：据古代传说，太甲由于荒淫无度，不理朝政，而被伊尹放逐到桐宫，思过三年而改悔，复位后仍令伊尹辅政，始终不怨恨伊尹。伊尹，商朝辅政大臣。大甲，即太甲，商汤王之孙。这句话是说不要以一怨而掩大德。

㉛管、蔡为戮，周公右王：管、蔡即管叔、蔡叔，周武王之弟，与周公并为兄弟。据史书记载，周武王死后，管叔、蔡叔勾结商纣之子武庚发动叛乱，周成王命周公平叛，周公诛武庚，杀管叔，流放蔡叔，很快把叛乱平定，而后继续辅佐成王理政。右，通“佑”，辅佐。这句话是说兄弟罪不相及，不要实行连坐。

㉜说：通“悦”，高兴。

㉝与之乘：与祁奚同乘一辆车。

㉞诸：“之于”的合音。公：即晋平公。

㉟不告免：不因被免罪而向祁奚致谢。朝：朝见国君。

译文

晋平公在位期间，公室衰落，国家大权被卿大夫们所操纵，他们之间相互倾轧，明争暗斗，闹得国无宁日。鲁襄公二十一年，执政大臣范宣子指控大夫栾盈密谋发动叛乱，把他逐出晋国。栾盈无处存身，只得逃往楚国。不久，范宣子又杀了栾盈的同党羊舌虎，还怀疑羊舌虎的哥哥——德高望重的大夫叔向，也是栾盈的同党，便把他抓起来投入监狱。有狱友对叔向说："你如今被指控有罪而受到处罚，是因为你得罪了范宣子，可见你当初不投靠他是很不明智的。"

叔向不以为然，坦然说道："与死亡相比，坐几天监狱又算得了什么！《诗经》里说：'优哉游哉，聊以卒岁。'是啊！超脱尘世，随遇而安，悠然自得，享尽天年，我看这就很明智。"

某日，大夫乐王鲋来监狱探望叔向，对他说："我准备为你向国君求情，请求他赦免您的罪过。"叔向听了，却不答话。乐王鲋讨了个没趣，只得悻悻地退离囚室，他走的时候，叔向也不向他致谢。狱友们都为此责备叔向，说他不通人情世故。叔向说："这事儿必须由祁奚大夫出面才行。"这句话后来传到了羊舌氏家臣领班室老的耳朵里，趁探监之机，他对主人说："那个乐王鲋如今正得宠，只要他在国君面前说句话，没有办不成的事儿。可是他说他打算为你求情，你却不答应。这事儿祁奚大夫明明办不成，你却说必须由他去办，这是为什么呢？"叔向回答道："乐王鲋是因为善于察言观色、顺从听话才得宠的，怎么会在国君面前为我求情？祁大夫外举不避仇，内举不避亲，被世人传美谈，他为人做事向来公正而周到，这回怎么会单单把我漏掉呢？"接着，他又引用《诗经》中的两句诗，来证明他对祁奚的看法不会错。

后来，晋平公特意把乐王鲋召到跟前，问他叔向究竟有没有罪，如果有罪，又是什么罪。乐王鲋不但不替叔向说好话，还乘机添坏言，说："叔向与他的亲人关系一向很亲密，他弟弟羊舌虎参与谋叛，他能不参与？此人有重大嫌疑啊。"果然不出叔向所料。

这个时候，祁奚早已告老还乡，赋闲在家，不再过问朝政，可是一听说叔向被范宣子抓起来投入监狱，就坐不住了，立即向驿站要了一辆专车，匆忙赶到都城去见范宣子。一见范宣子，祁奚就引经据典给他讲道理，《诗经》、《尚书》一引再引，前朝、本朝故事说了又说，主旨只有一个，就是一人犯罪一人当，不要滥加株连。他还高度评价叔向，说叔向是朝廷柱石、国家栋梁，不但不应该处罚，还应该加以重用。最后还告诫范宣子，要实行善政，不要实行恶政，更不要滥杀无辜。

经过祁奚的奔走，叔向终于被赦免。只是，文中说，听了祁奚的话，"宣子说"——也就是范宣子很高兴，这很不真实，也不可信。慑于祁奚的余威，不得不放人，才是合理解释。《左传》许多地方不真实，读时宜留意。

召公谏厉王止谤① 《左传》
（周语上）

原文

厉王虐，国②人谤王。召公告曰：“民不堪命③矣！”王怒，得卫巫④，使监谤者，以告，则杀之。国人莫敢言，道路以目⑤。

王喜，告召公曰：“吾能弭⑥谤矣！乃⑦不敢言。”

召公曰：“是障⑧之也。防民之口，甚⑨于防川。川壅⑩而溃，伤人必多。民亦如之。是故为川者⑪，决之使导⑫；为民者，宣⑬之使言。故天子听政⑭，使公卿至于列士献诗⑮，瞽献曲⑯，史⑰献书，师箴⑱，瞍赋⑲，矇诵⑳，百工㉑谏，庶人传语㉒，近臣尽规㉓，亲戚补察㉔，瞽、史教诲㉕，耆、艾修之㉖，而后王斟酌焉，是以事行而不悖。民之有口也，犹土之有山川也，财用于是乎出；犹其有原隰衍沃㉗也，衣食于是乎生。口之宣言也，善败于是乎兴；行善而备败，所以阜㉘财用衣食者也。夫民虑之于心，而宣之于口，成而行之，胡㉙可壅也？若壅其口，其与能几何㉚？”

王弗听。于是国人莫敢出言。三年，乃流王于彘㉛。

注释

①召公谏厉王止谤：周厉王以堵塞言路的手段维护其暴虐统治，召公劝他不要这样做，他却不听，最后导致民众起而造反，把他驱逐出都城。本文记述了这一过程，说明“防民之口，甚于防川”的道理。文中，作者以江河为喻，说明当权者不能堵塞言路的道理；以山川原隰为喻，说明当权者应当虚心听取民众批评的道理。对此，明末清初著名文评家金圣叹极为赞赏，说：“凡作两番比喻。后贤务须逐番细读之，真乃精奇无比之文，不得止作老生常谈诵习而已。”召（shào）公，即召穆公，姓姬，名虎，周朝卿士。厉王，即周厉王，姓姬，名胡。谤，批评，责难。

②国：这里指都城。

③堪：承受，忍受。命：政令，治理措施。

④卫：卫国。巫：巫师。

⑤道路以目：熟人在路上相遇，彼此不敢说活，只能以眼神相互示意。形容民众敢怒而不敢言。

⑥弭（mǐ）：消除。

⑦乃：竟，竟然。此字活画出了厉王的得意之状。

⑧障：堵塞，封住。

⑨甚：严重，这里指后果严重。

⑩壅（yōng）：堵塞。

⑪为川者：管理江河的人。

⑫决：疏通。导：顺势而下。

⑬宣：开导，引导。

⑭听政：执政，当政。

⑮公卿：即三公九卿。列士：低级官员。其地位在大夫之下，分上、中、下三个级别。诗：指从民间搜集来的讽谏朝政得失的诗歌。

⑯瞽（gǔ）：盲人乐师。曲：民间歌谣。

⑰史：史官。

⑱师：少师，一种乐官。箴（zhēn）：含有劝谏内容的警语格言之类文辞。

⑲瞍（sǒu）：盲而无瞳人儿者，此为闭眼瞎。赋：指公卿列士所献的诗。瞍的职责之一是背诵公卿列士所献的诗。

⑳矇（méng）：盲而有瞳人儿者，此为睁眼瞎或光眼瞎，其职责之一是诵唱文辞。

㉑百工：管理各种工匠之官。

㉒庶人：平民百姓。传语：指平民百姓把自己的意见发表出来，经由各级官员层层上报，让周天子知道。

㉓规：规谏，规劝。

㉔亲戚：指周天子的同宗大臣。补察：考察政务，弥补阙失。

㉕教诲：当时对周天子进行开导、规劝称教诲。

㉖耆、艾：泛指老年人，这里特指元老重臣。耆，六十岁的老人。艾，七十岁的老人。修：意为元老重臣提出意见、建议，供周天子参考。

㉗原：高而平的原野。隰（xí）：低而湿之地。衍：低而平之地。沃：肥沃之地。

㉘阜：增加。

㉙胡：怎么。

㉚与（yù）：参与，指参与政务，也就是做天子。几何：多久。

㉛流：流放。彘（zhì）：地名，在当时的晋国境内，故地在今山西霍州境内。

译文

周厉王暴虐无道，都城的民众都怨恨他，谴责他的暴政。有一天，召公告诉厉王说："您的暴虐政令，已经让民众受不了了！"厉王听了，十分恼怒，便从卫国找来一些巫师，跟踪监视那些批评、指责朝政的人，接到报告后，厉王就把这些人统统杀掉。从此以后，民众就都不敢说话了，在路上遇见熟人，彼此只能以眼神示意，然后赶快走开。

而厉王却十分得意，并对召公说："我已经找到消除无理责难本王的办法了啊！现在再也没有人敢胡乱议论朝政了。"

召公很不以为然，说："这是封人家的嘴啊，根本不行。俗话说'防民之口，甚于防川'，这话一点儿不假。试想啊，河里水大了，害怕造成水灾，就把河道堵住，可是河水一旦冲出来，水灾会更严重。事不同而理同。把民众的嘴封住，不让人家批评朝政，终有一天，他们会忍无可忍，起来造反，到了那个时候，局面更难收拾。所以管理江河的人，都经常疏通水道。让水顺流而下，流到别处，这样才能避免造成洪水泛滥，伤害民众。治理天下也是这样，要广开言路，让民众畅所欲言，释放怨气。"然后召公又给厉王讲了一些治理天下的具体方式、方法，告诉他应该如何如何，必须怎样怎样。

可是利令智昏的厉王拒绝了召公的规劝，我行我素，继续压制民众，不准任何人议论朝政。只过了三年，都城民众实在忍无可忍，愤然起来造反，把厉王放逐到彘地，让他在那里反省自己的过错。

襄王不许请隧① 《国语》（周语中）

原文

晋文公既定襄王于郏②，王劳③之以地。辞，请隧焉。

王弗许，曰："昔我先王之有天下也，规方千里，以为甸服④。以供上帝山川百神之祀，以备百姓兆民之用，以待不庭不虞⑤之患。其余，以均分公、侯、伯、子、男⑥，使各有宁宇⑦，以顺及天地，无逢其灾害。先王岂有赖⑧焉？内官不过九御⑨，外官不过九品⑩，足以供给神祇而已⑪，岂敢厌纵其耳目心腹，以乱百度⑫。亦唯是死生之服物采章⑬，以临长百姓而轻重布之，王何异之有？今天降祸灾于周室⑭，余一人仅亦守府⑮，又不佞以勤叔父⑯，而班先王之大物⑰，以赏私德。其叔父实应且憎，以非⑱余一人。余一人岂敢有爱也？先民有言曰：'改玉改行⑲。'叔父若能光裕大德，更姓改物，以创制天下，自显庸⑳也；而缩取备物㉑，以镇抚百姓，余一人其流辟于裔土㉒，何辞之与有？若犹是姬姓也，尚将列为公侯，以复先王之职，大物其未可改也。叔父其茂昭明德，物将自至，余何敢以私劳变前之大章㉓，以忝㉔天下。其若先王与百姓何？何政令之为也？若不然，叔父有地而隧焉，余安㉕能知之？"

文公遂不敢请，受地而还。

注释

①襄王不许请隧：周襄王在其异母弟夺得王位后逃往郑国，在那里向晋国求援，晋文公出兵相救，助其回郏地王城复辟。在襄王赏赐土地以向他表示感谢时，他却提出死后享受天子葬礼的要求，襄王委婉地向他说明事理，晓以大义，拒绝了他。本文所记述的，就是这件事。古往今来，国家礼制关乎政权的稳定，当权者都很重视，不允许随意变动、逾越。隧，掘墓道安葬

死者，这是古代天子的葬礼定制。

②郏（jiá）：周代洛邑王城，故地在今河南洛阳境内。

③劳：犒劳，封赏。

④甸服：指王城之外四面五百里之内的土地；这里负有向王城提供日常生活用度之责。

⑤不庭：指不向天子进贡。不虞：预料不到的事情。

⑥公、侯、伯、子、男：古代最高当局设立的荣誉称号，即爵位，分公、侯、伯、子、男五等，授予宗室贵族和异姓有功者；这里指周代大大小小的诸侯国。

⑦宁宇：安居之所。

⑧赖：利，利益；这里指特权。

⑨九御：即九嫔，王宫内的九类女官，也就是各类姬妾。

⑩九品：即九卿，也就是朝廷各类高级官员。

⑪神祇（qí）：天神和地神，泛指神。

⑫百度：各类法令、制度。

⑬服物采章：服饰、祭品的颜色与花纹。

⑭天降祸灾于周室：指叔带之乱。周襄王的异母弟子带勾结权贵颓叔，引狄人攻伐周王朝，襄王逃往郑国。

⑮余一人：古代帝王的自我谦称。府：朝廷收藏保存文书的地方，这里指先王留下来的礼法、规章。

⑯不佞（nìng）：谦辞，不才，没有才干的人。勤：烦劳。叔父：周天子对九州之长同姓者的称呼；这里指晋文公。

⑰班：通“颁”，赏赐。大物：这里指天子的葬礼定制。

⑱非：非议，责难，责怪。

⑲改玉改行：古人佩戴玉制饰物以协调步行节奏。身份、地位不同，行步快慢也各异。改玉即换佩玉，等于改变身份、地位。

⑳庸：通“用”，功用，能力，才干。

㉑缩取：敛取。备物：天子葬礼的一切仪式、用品。

㉒流：流放。辟：杀戮。裔土：边远的地方。

㉓大章：庄严、神圣的礼法制度。

㉔忝（tiān）：辱没。

㉕安：疑问词，怎么。

译文

晋文公把周襄王接回郏地王都，让他复位，继续做周天子。为了表示感谢，襄王赏给晋文公一片土地。可是晋文公为了抬高自己的地位，竟辞而不受，却请求让他死后享受周天子才能享受的葬礼。

襄王自然不肯答应他，说：“从前，我们的先王享有天下的时候，把都城周围方圆千里之地划出来作为甸服，用来祭祀上天和山川百神。提供百姓衣食用品，防备诸侯不按时进贡和其他意想不到的灾祸。其余的土地，分别分给公爵、侯爵、伯爵、子爵、男爵这些爵位不同的大小诸侯，使他们各有安身之地，以顺应天地尊卑之义，以免遇到灾祸无法应付。先王并不享有什么特殊利益。宫内不过有九嫔女官，宫外不过有九品公卿，只够满足祭祀神灵之用而已，怎么敢放纵自己的私欲，而破坏法度？如今上天给我周王室降下灾祸，我个人只能保守住先王留下的法令规章。另外，我烦劳叔父出兵相救，如果把先王的丧葬大礼赏赐给你，以报答你对我的私德，恐怕你明着接受下来，暗地里也会憎恶我，认为我胆大妄为，责备我行赏不当。我个人怎么敢这样吝啬，而不答应你的请求呢？古人有句话说得很好，说是‘如果要改变佩玉的形制，必须先改变佩戴者身份、地位’。叔父如果能发扬你的盛德，更改王朝姓氏和制度，创立一个新王朝，显示出你的杰出才干，取得天子特权，安抚百姓，那么我被流放甚至杀死在僻远之地，也绝对没有怨言。如果你仍然还是位列公侯，继续承担先王赋予的辅佐王室的职责，那么丧葬礼制便不能更改。如果叔父能发扬你的盛德，那么你想要的天子特权自然就会属于你，我怎么敢由于个人受惠就改变王室的最高礼制而辱没天下？那样我将如何面对列祖列宗和天下百姓呢？又将怎样施行政令呢？如果不然，叔父自有晋国疆土，在那里自行使用天子葬礼好了，我不加干涉。”

听了襄王这番不硬不软的话，晋文公自知理亏，便放弃原先的要求，接受赏给他的土地，率领人马返回晋国。

叔向贺贫① 《国语》

（晋语八）

原文

叔向见韩宣子②，宣子忧贫，叔向贺之。

宣子曰："吾有卿之名，而无其实，无以从二三子③，吾是以忧，子贺我何故？"

对曰："昔栾武子无一卒之田④，其宫不备其宗器⑤。宣⑥其德行，顺其宪则⑦，使越⑧于诸侯。诸侯亲之，戎、狄怀⑨之，以正晋国⑩，行刑不疚⑪，以免于难。及桓子⑫，骄泰⑬奢侈，贪欲无艺⑭，略则⑮行志，假货居贿⑯，宜及于难，而赖武⑰之德，以没⑱其身。及怀子⑲，改桓之行，而修武之德，可以免于难，而离⑳桓之罪，以亡于楚。夫郤昭子㉑，其富半公室㉒，其家半三军㉓，恃其富宠，以泰㉔于国，其身尸㉕于朝，其宗灭于绛㉖。不然，夫八郤㉗，五大夫三卿，其宠大矣，一朝而灭，莫之哀也，惟无德也。今吾子有栾武子之贫，吾以为能其德矣，是以贺。若不忧德之不建，而患货之不足，将吊㉘不暇，何贺之有？"

宣子拜，稽首㉙焉，曰："起也将亡，赖子存之，非起也敢专承㉚之，其自桓叔㉛以下，嘉吾子之赐㉜。"

注释

①叔向贺贫：韩宣子虽身居高位，但很贫穷，他正为此而发愁，叔向却向他表示祝贺，并列举正反两方面的实例，说明德行与财富之间的关系，本文记述了这个故事。叔向，即羊舌肸（xī），晋国大夫。

②韩宣子：名起，晋国正卿，"宣"是其谥号。

③二三子：指晋国众公卿大夫。

④栾武子：晋国正卿，名书，"武"是其谥号。他当权的时候，杀死晋

厉公。一卒之田：即百顷田地。当时规定，正卿的俸禄为五百顷。

⑤宫：居室。宗器：祭祀祖先用的礼器。

⑥宣：宣扬。

⑦顺：遵守。宪则：国家制度法令。

⑧越：越过国界，传扬出去。

⑨戎、狄：这里泛指周边部族。怀：归附，归向。

⑩正晋国：使晋国各方面都步入正轨。正，使动用法，使……正。

⑪疚：病，这里意为弊端、弊病。

⑫桓子：栾武子之子，名黡（yǎn），晋国大夫，曾任晋军下军统帅。

⑬骄泰：非常骄横。泰，过分。

⑭无艺：没有限度。艺，极。

⑮略则：犯法。略，无视。则，规则，法律。

⑯假货：放债。假，借。货，亦作“贷”。居：囤积。贿：财物；后指来路不正的钱财。

⑰赖：凭借，依靠。武：指其父栾武子。

⑱没：通“殁”，死。

⑲怀子：栾黡之子栾盈，晋国下卿，“怀”是其谥号。

⑳离：通“罹”，遭受。

㉑郤（xì）昭子：名至，晋国正卿。

㉒公室：即各国诸侯及其家族。

㉓其家半三军：意为私家武装力量很强大。

㉔泰：这里意为骄横。

㉕尸：这里用做动词，意为尸体被示众。

㉖宗：宗族。绛（jiàng）：晋国旧都，故地在今山西翼城境内。

㉗八郤：郤氏宗族八人。下文“五大夫三卿”是说郤氏宗族八人中，有五人出任晋国大夫，他们是郤文、郤豹、郤芮、郤谷、郤溱，有三人出任晋国的卿，他们是郤锜、郤犨（chōu）、郤至。

㉘吊：吊丧。

㉙稽（qǐ）首：古代的一种跪拜礼，行礼时双膝跪下，叩头至地，是最恭敬的礼节。

㉚专承：独享，独得。

㉛桓叔：即曲沃桓叔，名成师，是晋穆侯之子，韩氏先祖。

㉜嘉：称颂，颂扬。子：对叔向的敬称。

译文

某日，大夫叔向去拜见正卿韩宣子，见他一直愁眉不展，就问他有什么烦心事儿让他不开心。韩宣子说他家里实在太贫穷了，近来一直为这事儿发愁。不料叔向却说："这很好啊！我为您的贫穷向您表示祝贺。"

韩宣子说："我徒有正卿之名，却没有正卿之实，穷成这个样子，实在没法和同僚们交往应酬，所以我才发愁。而您却向我致贺，这是为什么呢？"

叔向回答说："我跟您说几个人的往事，您就知道为什么了。我们晋国从前有个栾武子，您知道吧？他贵为正卿，按规定，本来应该有五百顷田地，可是实际上，他家的田地连一百顷也不到，他家里也从来没什么像样儿的礼器。而他却一直张扬传播美德善行，遵守国家法令，从来不做不合道德、违犯法令的事情。这使他美名传天下，各国君王都亲近他，周边部族都归心于他，我们晋国也因他而一切步入正道，连执行法令制裁罪犯也都公平公正，没有什么弊端，他尽管杀死了厉公，却没有给自己和家人招来灾难。而他的儿子栾桓子就不行了。这个栾桓子，骄纵奢侈，贪得无厌，胡作非为，一意孤行，放债取利，囤积钱财，这样一个人，按理说早应该大祸临头，不得好死，可是却靠着他老子的善德美名，得以善终。到了栾桓子的儿子栾怀子的时候，栾家就倒霉了。这个栾怀子与他的老子根本不同，他一改栾桓子的德行和作风，竭力恢复栾武子的美德善行，做了很多好事，本应该无灾无难，可是由于受到栾桓子的牵连、拖累，在晋国无法立足，只得逃出国门，流亡楚国。郤氏家族的事情更值得一说，教训很深呀！那个郤昭子，官居正卿，家里财产多得能抵半个国君，家仆家丁多得相当三军的一半，靠着富有和得宠，在晋国横行霸道，谁也不敢惹他，可是下场如何呢？最后落了个他本人尸体放在朝廷示众，族人在旧都绛城被杀光。他们郤氏一族，先后出了八个人物，其中五人官居大夫，三人成为卿相，真可谓荣宠至极呀，可是一朝败亡，没有一个人同情他们。为什么呢？就是因为失德呀！再回过头来说说您吧。现在，您像栾武子一样贫穷，我以为将来您也会像他那样有大德美行，所以我才向您致贺。如果您不为自己德行不够高尚而发愁，只为自己财产贫乏而担忧，我给您吊丧、向您的家人致哀还来不及呢，有什么可祝贺的啊！"

听了叔向的话，韩宣子很受启发，也很受感动，跪地向他行叩头大礼，并说了一番表示感谢的话。

王孙圉论楚宝[1] 《国语》

（楚语下）

原文

王孙圉聘[2]于晋，定公飨之[3]。赵简子鸣玉以相[4]，问于王孙圉曰："楚之白珩[5]犹在乎？"对曰："然。"简子曰："其为宝也几何[6]矣？"

曰："未尝为宝。楚之所宝者，曰观射父[7]，能作训辞[8]，以行事于诸侯，使无以寡君为口实[9]。又有左史倚相[10]，能道训典[11]，以叙百物[12]，以朝夕献善败[13]于寡君，使寡君无忘先王之业；又能上下说[14]乎鬼神，顺道其欲恶[15]，使神无有怨痛于楚国。又有薮曰云[16]，连徒洲[17]，金、木、竹、箭之所生也，龟、珠、角、齿、皮、革、羽、毛，所以备赋[18]，以戒不虞[19]者也，所以供币帛[20]，以宾享于[21]诸侯者也。若诸侯之好币具，而导之以训辞，有不虞之备，而皇神相之[22]，寡君其可以免罪于诸侯，而国民保焉。此楚国之宝也。

"若夫白珩，先王之玩[23]也，何宝焉？圉闻国之宝，六而已：圣能制议百物[24]，以辅相国家，则宝之；玉足以庇荫嘉谷[25]，使无水旱之灾，则宝之；龟足以宪臧否[26]，则宝之；珠足以御火灾，则宝之；金足以御兵乱，则宝之；山林薮泽足以备财用，则宝之。若夫哗嚣之美[27]，楚虽蛮夷，不能宝也。"

注释

①王孙圉（yǔ）论楚宝：一个国家，应该把什么视为最宝贵的东西，这是一个很值得认真思考的问题，也是一个应该严肃对待的问题。本文通过王孙圉与赵简子的对话，对这个问题做出了回答。王孙圉，楚国大夫。

②聘：访问。

③定公：当时的晋国国君，名午。飨（xiǎng）：设宴招待。

④赵简子：晋国大夫，名鞅。玉：佩玉。古代贵族衣服上都戴有佩玉，

行礼的时候，佩玉会随揖拜动作而发出声响。相：司仪，这里意为充当司仪。

⑤白珩（héng）：楚国出产的一种美玉。这里指用白珩制作的佩玉。

⑥几何：值多少钱。

⑦观射父（guàn yìfǔ）：楚国的一位贤大夫。

⑧训辞：这里特指外交辞令。

⑨口实：话柄，话题。

⑩左史：周代史官分左史、右史，左史记言，右史记事。倚相：当时的楚国左史。

⑪训典：从先王那里传下来的典籍。

⑫叙：按恰当的次序处理。百物：各种事情。

⑬善败：善恶。

⑭说：通“悦”。

⑮道：通“导”。欲恶（wù）：好恶。

⑯薮（sǒu）：生着很多水草的湖泽。云：即云梦泽，在今湖北境内。

⑰徒洲：洲名。

⑱赋：兵赋，军用物资。

⑲不虞：意外的灾祸。虞，揣测，估计。

⑳币帛：礼物。

㉑宾：招待。享：赠送。

㉒皇：大，伟大。相：帮助。

㉓玩：玩好（hào），供玩赏的小玩意儿。

㉔圣：通达事理曰圣。制议：把事情处置妥当，使之各得其宜。

㉕庇荫：保护。嘉谷：好庄稼。

㉖宪：明辨，判定。臧否（pǐ）：善恶，吉凶。

㉗哗嚣之美：指佩玉。

译文

楚国大夫王孙圉到晋国进行友好访问，晋定公设宴招待他。晋国大夫赵简子担任宴会司仪，席间，他不停地扭动身子，使腰间的佩玉叮当作响，以此向王孙圉炫耀晋国的富有和他本人的阔气，并问王孙圉：“你们楚国的国宝白珩还在不在?”

王孙圉淡然回答说："当然还在。"

"白珩能值多少钱呀？"赵简子以鄙夷不屑的口气又问。

王孙圉说："我们从来也没有把它当成什么国宝。"

赵简子感到不解，问："你们楚国难道没有国宝吗？"

王孙圉说："有，当然有。"

"那……那你们的国宝是什么？"

王孙圉正襟危坐，郑重地回答道："我们倍加珍重，当成国宝的，是贤臣观射父，史官倚相，还有大湖云梦泽，以及云梦泽一带出产的各种物品。观射父擅长辞令，能到各国办外交，令诸侯们再也不能把我们国君当成话柄逗趣。左史倚相能重述祖先留下的训典，并遵照祖先的遗训处理纷繁的政务，每天把什么是善、什么是恶的道理奉献给国君，令国君牢记先王的丰功伟绩，还上敬天神，下奉地神，顺从神灵的好恶，令他们愉悦，不再怨恨楚国。云梦泽水资源丰富，又连接着徒洲，那里出产金、木、竹、箭，还有灵龟、珍珠、犀角、象牙、虎豹皮、犀牛皮、乌羽和牦牛尾，真是要什么有什么，丰富极了。有了这些资源，不但可以供我们自己使用，还能够与各国互通有无。人，我们有贤者智者；物，我们什么都不缺乏。有了这一切，伟大的神灵会保佑我们，各国诸侯都会同我们的国君友好相处，国家的安全和民众的生活都有了保障。这些，才是我们楚国真正的国宝。"

顿了一下，王孙圉又说："至于白珩，那不过是先王留的玩好，这种只能供人观赏、把玩的小玩意儿，有什么可宝贵的呀？"

最后，王孙圉告诉赵简子，他心目中的国宝，有六种，都是关乎国计民生者，并嘲笑赵简子说："您身上那些叮当作响的佩玉，不过是作秀之具，我们才不稀罕呢！"

有子之言似夫子[1]　《礼记》（檀弓上）

原文

有子问于曾子[2]曰："问丧[3]于夫子乎？"曰："闻之矣：'丧欲速贫，死欲速朽。'"。有子曰："是非君子之言也。"曾子曰："参也，闻诸夫子也。"有子又曰："是非君子之言也。"曾子曰："参也，与子游[4]闻之。"有子曰："然，然则夫子有为之言[5]也。"

曾子以斯言告于子游。子游曰："甚[6]哉，有子之言似夫子也！昔者，夫子居于宋，见桓司马自为石椁[7]，三年而不成。夫子曰：'若是其靡[8]也，死不如速朽之愈[9]也。'死之欲速朽，为桓司马言之也。南宫敬叔反[10]，必载宝而朝[11]。夫子曰：'若是其货[12]也，丧不如速贫之愈也。'丧之欲速贫，为敬叔之言也。"

曾子以子游之言告于有子。有子曰："然！吾固曰非夫子之言也。"曾子曰："子何以知之？"有子曰："夫子制于中都[13]，四寸之棺，五寸之椁。以斯知不欲速朽也。昔者，夫子失鲁司寇[14]，将之荆[15]，盖先之以子夏，又申之以冉有[16]，以斯知不欲速贫也。"

注释

①有子之言似夫子：事物的存在，都是有条件的，如时间、空间（地点）、社会背景等，条件不同，事物的意义和性质便有异。因此认识事物，必须看它存在的条件。这是一个重要的科学方法，认识事物必须遵循之。本文中孔门弟子有子、曾子和子游之间关于孔子两句话的讨论，就涉及这个问题，值得一读。有子，即有若，孔子弟子。夫子，这是对孔子的敬称。

②曾子：即曾参，孔子弟子。

③丧：这里意为被免职罢官。

④子游：姓言，名偃，字子游，孔子弟子。

⑤有为之言：即有所指之言，不是泛论之言。

⑥甚：这里意为很像，真像。

⑦桓司马：姓桓，名魋（tuí），曾任宋国司马，主管军政事务。椁（guǒ）：外棺，即套在棺材外边的大棺材。

⑧靡：铺张浪费。

⑨愈：相比之下较为好一些。

⑩南宫敬叔：即仲孙阅，曾任鲁国大夫，被免官后离开鲁国，后又返回。反：通“返”。

⑪朝：朝见国君。

⑫货：这里用做动词，贿赂。

⑬制于中都：鲁定公九年，孔子出任中都宰，曾制定法规，规定棺椁规格。制，制定法规制度。中都，鲁国地名，故地在今山东汶山境内。

⑭司寇：官名，六卿之一，执掌一国刑罚。孔子曾担任过鲁国司寇。

⑮之：去，到。荆：这里指楚国，荆是楚地别称。

⑯冉有：名求，孔子弟子。

译文

有子、曾子和子游三人经常在一起回忆、议论老师孔子的言行，想从中得到更多的教益。有一天，有子问曾子说：“你问过老师对丢掉官位的看法吗？他老人家的看法是什么？”

曾子回答说：“我听他说过。意思是一个人如果丢了官位，要尽快去过穷日子；如果死了，要尽快烂掉。”

有子说：“这可不是君子所说的话，我们的老师是君子，他老人家不会这样说。”

曾子说：“这可是我亲耳从老师那里听到的。”有子仍然不相信孔子会说这样的话，坚持说：“这不是君子所说的话，我们的老师绝对不会这样说。”

曾子急了，说：“子游当时也在场，我是跟他一同听到的。”

有子还是不敢相信，说：“如果老师真这样说过，那一定是有所指才这样说的。”显然，有子认为，孔子不会笼而统之地乱发议论，如果那两句话真是他说的，一定是针对具体的人或事而发的。

后来，曾子把他和有子之间的那场争论，以及有子的话告诉了子游。子游听了，不禁感叹说：“太像了，真是太像了，有子说话真像老师啊!”然后，他把孔子那句话的由来原原本本地跟曾子说了一遍。——从前，孔子在宋国居住的时候，得知宋国司马桓魋为自己造石椁，造了三年还没完工，很不以为然，说：“他如此奢侈浪费，死了还是早点儿烂掉的好。”可见，如果死了，要尽快烂掉这句话，是针对桓魋说的。鲁国的南宫敬叔丢掉官位之后出国，返回的时候，带了许多奇珍异宝去朝廷行贿，以求官复原职。孔子得知以后，非常气愤，说：“像这样大肆行贿，丢了官还是尽快去过穷日子的好。”可见，如果丢了官位要尽快去过穷日子，是针对南宫敬叔说的。

曾子又把子游的话告诉了有子。有子很高兴，就说：“果真如此！我原本就坚持说那不是老师的话，这不，还真让我说中了。”

曾子问：“你是怎么知道的?”

有子说：“我之所以坚信那不是老师的话，另有根据。老师当中都宰的时候，曾给当地制订制度，其中规定，棺的厚度为四寸，椁的厚度为五寸，我据此知道老师并不主张人死后应该赶快烂掉。当年，老师丢了鲁国司寇的官位，曾打算去楚国谋求一官半职，他老人家为此先派子夏，又派冉有，前去进行实地考察，我据此知道老师并不主张丢掉官位应该尽快过穷日子。”

晋献文子成室[1] 《礼记》

（檀弓下）

原文

晋献文子成室，晋大夫发[2]焉。张老[3]曰："美哉，轮[4]焉！美哉，奂[5]焉！歌[6]于斯，哭[7]于斯，聚国族[8]于斯！"

文子曰："武也，得歌于斯，哭于斯，聚国族于斯，是全要领以从先大夫于九京也[9]。"北面再拜稽首。

君子谓之善颂善祷[10]。

注释

①晋献文子成室：本文历来被视为颂词、祝词的典范，"美轮美奂"一词也出自这里。献文子，晋国大夫赵武死后谥"献"，又为"文"，这里将二者合称，并加敬语"子"，就成了"献文子"。赵武即赵孟，晋平公时担任过正卿。成室，新居落成。

②发：赠送礼物并致贺词。

③张老：晋国大夫。

④轮：高大。

⑤奂：通"焕"，华丽。

⑥歌：跳舞诵诗。

⑦哭：居丧哭泣。

⑧国：国宾。族：族人。

⑨要领：要，通"腰"；领，颈项。古代刑罪中有腰斩与砍头两种，所以"全要领"，就是保全性命。九京：即九原，这里是晋国卿大夫的墓地。

⑩颂：赞颂，祝福。祷：祝祷。

译文

晋国大夫献文子新建的府第落成，举行庆贺典礼的那一天，朝廷的大夫们纷纷前来赠礼致贺。其中有个叫张老的大夫的贺词格外别致，也格外精彩。其贺词是：“真是美极了，多么巍峨高大啊！真是美极了，多么精致华丽啊！既可以在这里跳舞作乐、诵诗抒情，又可以在这里居丧祭奠、哭泣致哀，还可以在这里设宴款待国宾，或者召集族人议事！”

献文子答谢众位嘉宾，说：“我能够在这里跳舞作乐、诵诗抒情，能够在这里居丧祭奠、哭泣致哀，能够在这里设宴款待国宾、召集族人议事，这就意味着我能够在这里保全性命，尽享天年，追随先人而去，赴九原与他们团聚。”说完，他面向北方，恭恭敬敬地拜了又拜，并行跪地叩头大礼。

后来，君子评论说，他们既善于赞颂，又精于祈福。

不过，《礼记》中的一则注文却说，张老的话中含有讥讽意味。讥讽什么呢？奢侈，而且无度。

谏逐客书①（节录）

李 斯

原文

臣闻吏议逐客，窃以为过②矣。

昔穆公③求士，西取由余于戎④，东得百里奚于宛⑤，迎蹇叔于宋⑥，求丕豹、公孙支于晋⑦，此五者，不产⑧于秦，而穆公用之，并国二十⑨，遂霸西戎。

孝公用商鞅之法⑩，移风易俗，民以殷盛⑪，国以富强，百姓乐用⑫，诸侯亲服，获楚、魏之师⑬，举⑭地千里，至今治强⑮。

惠王用张仪之计⑯，拔三川⑰之地，西并巴、蜀，北收上郡，南取汉中，包九夷⑱，制⑲鄢、郢，东据成皋之险⑳，割膏腴㉑之壤，遂散六国之从㉒，使之西面事秦，功施㉓到今。

昭王㉔得范雎，废穰侯㉕，逐华阳㉖，强公室㉗，杜私门㉘，蚕食诸侯，使秦成帝业。

此四君者，皆以客之功㉙。由此观之，客何负于秦哉！向使四君却客而不内㉚，疏士而不用，是使国无富利之实㉛，而秦无强大之名也。

注释

①谏逐客书：这是李斯于秦王政十年向秦王政呈递的一道奏章，也是一篇优秀的政论文。大概从秦穆公时起，秦国就开始从其他诸侯国引进优秀人才到秦国做官，并以客礼待之，这些人即所谓的客卿。在客卿们的辅佐下，秦国逐渐强大起来。由于客卿越来越多，作用与贡献越来越大，其地位自然也越来越高，权力也越来越大，这引起了秦国宗室大臣的严重不满，于是，他们就找了一个借口，建议把客卿统统驱逐出去。秦王政接受了这项建议，遂下令驱逐客卿。李斯也在被驱逐之列，但他不甘心被逐，遂上书劝阻。书

上，秦王政被说服，收回成命，并恢复了李斯等人的职务。这里节选的是奏书第一部分，它运用逻辑学中的归纳推理法举例说理，很有说服力。作者李斯，楚国上蔡人，战国后期法家学派代表人物；入秦后，深受秦王政器重，拜为客卿，任廷尉、丞相，成为秦国吞并六国、统一天下的决策人物之一。秦始皇死后，与宦官赵高相互勾结，立胡亥为帝，不久，与赵高发生利益冲突，被赵高腰斩于咸阳街市。

②过：错误，不对。

③穆公：即秦穆公，春秋五霸之一。

④西：和下文的“东”、“北”、“南”等方位名词一样，充当后面动词的状语，意为向……方向。由余：被引的人才姓名。下文这类人物不再一一注释。戎：我国古代西部少数民族。

⑤宛：楚国属地，故地在今河南南阳。

⑥宋：宋国。

⑦晋：春秋时晋国，后韩、赵、魏三家分晋，晋遂不复存在。

⑧产：出生。

⑨并：吞并。国二十：即二十国。

⑩孝公：即秦孝公，名渠梁，穆公之十四代孙。商鞅：卫国人，姓公孙，名鞅，也称卫鞅。精于刑名之学，入秦后，力劝并辅佐孝公变法维新，实行耕战结合的强国方略，对秦贡献甚巨，封于商（故地在今陕西商州），故又称商鞅。孝公死后，为秦宗室权贵构陷，被秦惠王车裂而死。

⑪以：因。其后省略一“之”字。下句“以”同此。殷盛：富裕，富足。

⑫乐用：乐于为人所用。

⑬获楚、魏之师：秦孝公二十二年，商鞅率兵伐魏，俘获其主将公子卬(áng)，接着又南下伐楚。

⑭举：占领。

⑮治强：治且强。治，安定。

⑯惠王：即秦惠王，名驷，孝公之子。张仪：战国时魏国人，著名纵横家，曾任惠王相，以连横之策游说六国，使各国背纵约而事秦，对秦贡献颇大。

⑰拔：占领。三川：见《司马错论伐蜀》注③。

⑱九夷：泛指楚国境内诸少数民族聚居区。

⑲制：控制。

⑳成皋之险：成皋在周都之东，即今河南荥阳虎牢关，此处地势险要，是当时的东西交通要冲。

㉑膏腴：肥沃。

㉒从：通“纵”，合纵。

㉓施（yì）：延续。

㉔昭王：即秦昭襄王，名稷，惠王之子。

㉕穰（ráng）侯：即魏冉，曾为秦相，在秦专权三十年，封于穰，故称穰侯。

㉖华阳：即昭襄王养母之弟芈（mǐ）戎，封华阳，故称华阳君。

㉗公室：即王室，朝廷。

㉘杜：这里意为遏制、抑制。私门：指秦国宗室权贵。

㉙以：凭借。之：达成，达到。功：功业。

㉚向：过去，从前。使：假使，假如。却：拒绝。内：通“纳”，接纳，招引。

㉛国无富利之实：与下文“秦无强大之名”是互文关系，意为秦国在内就不会有资产富厚的实力，对外也不会有国力强大的威名。

译文

据我所知，秦国的宗室大臣建议把为你们效命的各国客卿统统驱逐出去，我认为这样做是错误的。理由如下：

当年，穆公四处访求贤士，向西从戎地请来了由余，向东从宛地请来了百里奚，从宋国迎来了蹇叔，从晋国聘来了丕豹和公孙支。这五位贤士，原先都不是秦国人，而穆公却重用他们，后来，在他们的辅佐下，穆公吞并了二十个小国，称霸于西戎。此其一。

孝公采纳商鞅的主张，在秦国实行变法，移风易俗，民众因此而富有，国家因此而强盛，本国百姓都乐于为朝廷效力，各国诸侯都表示愿意与秦国亲近、友好，接连打败了楚国和魏国，占领了方圆千里的地盘，国家至今安定而强盛。此其二。

惠王利用张仪的连横之计，不仅接二连三夺得六国领土，更重要的是，对六国进行分化瓦解，拆散了他们的合纵联盟，迫使六国都向西恭顺地听命于秦国，这种伟大的功业，一直延续到今天。此其三。

昭王请来范雎，采纳他的建议，罢黜了穰侯，驱逐了华阳君，加强了朝廷的权威，抑制贵族势力，同时，一步一步吞噬各诸侯国的领土，使秦国成就了一番帝王功业。此其四。

综上所述，这四位君王，都是凭借着客卿们的辅佐，才达成伟大功业的。由此来看，我们客卿有什么地方对不起秦国啊！从前，假若以上四位君王拒绝各国客卿，不招纳我们为秦国效力，或者疏远我们、不重用我们，今天的秦国会这样资产富有、国力强大吗？

接着，李斯又说了很多话，从秦国吞并六国、统一天下的战略高度，为嬴政分析重用客卿之利与驱逐客卿之弊，点到了穴位，击中了要害，终于说服并打动了嬴政，嬴政遂回心转意，下诏收回逐客令。

卜　居① 《楚辞》

原文

屈原既放，三年不得复见②。竭智尽忠，而蔽障于谗③。心烦虑乱，不知所从。乃往见太卜郑詹尹④，曰："余有所疑，愿因先生决之⑤。"

詹尹乃端策拂龟⑥，曰："君将何以教之？"

屈原曰："吾宁悃悃款款⑦，朴以忠乎，将送往劳来，斯无穷乎⑧？宁诛锄草茆⑨以力耕乎，将游大人⑩以成名乎？宁正言不讳以危身乎，将从俗富贵以媮⑪生乎？宁超然高举以保真乎，将哫訾栗斯、喔咿嚅唲以事妇人乎⑫？宁廉洁正直以自清乎，将突梯滑稽、如脂如韦以絜楹乎⑬？宁昂昂若千里之驹乎，将氾氾若水中之凫⑭，与波上下，偷以全吾躯乎？宁与骐骥亢轭乎⑮，将随驽马⑯之迹乎？宁与黄鹄⑰比翼乎，将与鸡鹜⑱争食乎？此孰吉孰凶？何去何从？世溷⑲浊而不清：蝉翼为重，千钧为轻；黄钟⑳毁弃，瓦釜㉑雷鸣；谗人高张，贤士无名。吁嗟默默兮，谁知吾之廉贞？"

詹尹乃释策而谢曰："夫尺有所短，寸有所长㉒；物有所不足，智有所不明；数有所不逮㉓，神㉔有所不通。用君之心，行君之意。龟策诚㉕不能知此事！"

注释

①卜居：《楚辞》中的一篇，东汉学者王逸认为是屈原的作品，后世有人则认为是屈原死后，楚人为怀念、哀悼他而写的文章。本文借问卜抒发胸中的不平之气和苦闷之情，表达对"黄钟毁弃，瓦釜雷鸣；谗人高张，贤士无名"世道的痛恨。卜居，即通过占卜，询问自己究竟应该如何处世为人。

②三年不得复见：意为屈原被放逐后，三年未能再见到楚国国君。当时的国君是怀王。

③蔽障：遮蔽阻隔。谗：这里指向国君进谗言的奸人。

④太卜：官名，负责占卜业务的官员之长，也就是首席卦师。郑詹尹：太卜的姓名。

⑤因：通过，借助。决：做出判断。

⑥端：动词，端而使正。策：指古代占卜工具蓍（shī）草。蓍草是一种艾蒿类植物，古人迷信，认为此草有神异之气质，便以其茎为策进行占卜。龟：古人迷信，认为龟也有神异之气质，便以其壳为工具进行占卜。

⑦悃（kǔn）悃款款：忠心耿耿、坚贞不渝的样子。

⑧斯：这，这样。穷：尽，完。

⑨诛：铲除。茆（máo）：通"茅"，茅草，杂草。

⑩游：游说。大人：指权贵。

⑪媮：通"偷"。

⑫哫（zú）訾（zī）栗斯、喔咿嚅（rú）唲（ér）：哫訾、栗斯、喔咿、嚅唲均为联绵词，用以模拟谄媚求荣者强颜欢笑以巴结权贵的丑陋情态。事：侍奉。妇人：指楚怀王的宠姬郑袖。

⑬突梯滑（gǔ）稽：二者均为联绵词，突梯是滑溜的样子，滑稽是圆滑的样子。脂：油脂。韦：熟牛皮。絜（xié）楹：度量柱子，然后加工使之合度，比喻圆顺随俗。絜，度量。

⑭氾（fàn）氾：通"泛泛"，在水中游来游去的样子。凫（fú）：野鸭子。

⑮骐骥：骏马。亢轭（è）：并驾前行。亢，通"伉"，匹配。轭，套马用的器具，呈"人"字形，俗称"扎脖"。

⑯驽马：或年老或疲病的劣马。

⑰黄鹄（hú）：天鹅。

⑱鹜（wù）：鸭子。

⑲溷（hùn）：通"浑"，水不清澈。

⑳黄钟：古乐十二律之一，声调最洪大，最响亮，这里比喻高雅的音乐。

㉑瓦釜（fǔ）：用陶土制的锅，这里比喻粗俗的音乐。

㉒尺有所短，寸有所长：本义是某物虽不杰出，从一个角度看，其短处非常明显，但如果从另一个角度看，却又有明显的长处，即所谓"为尺而不足，则嫌其短；为寸而有余，反觉其长"。

㉓数：即术数，这里指占卜。逮：达到。

㉔神：神灵。

㉕诚：确实，实在。

译文

屈原被驱逐出朝廷，流放到外地之后，整整三年未能见到楚怀王。他竭智尽忠，一心想报效祖国，可是却无端遭到奸人的谗言陷害，失去君王的信任。因此，他心烦意乱，不知道自己该如何是好。无奈之中，他就去拜见太卜官郑詹尹，想从他那里得到上天的启示。

他对郑詹尹说："我心中有许多疑惑不解的问题，想请先生通过占卜为我做出判断，给我一些启示。"听了屈原的话，郑詹尹连忙摆放好蓍草，拂拭净龟板，问："先生有何见教？"

屈原回答说："我有以下问题百思不得其解，请先生有以教我。——我究竟是应该诚恳朴实、真心待人，还是应该与去迎来送往、与众人敷衍周旋呢？究竟是应该拔除杂草、下力耕耘，还是应该巴结权贵、博取美名呢？究竟是应该直言不讳大胆进谏而使自己获罪，还是应该随波逐流，求取富贵而苟且偷生呢？究竟是应该超凡脱俗、飘然归隐，保持自己的天性，还是应该阿谀谄媚、强颜欢笑，去逢迎那个得宠的妇人呢？究竟是应该廉洁正直、清白自守，做一个君子，还是应该虚伪圆滑、趋炎附势，成为一个小人呢？究竟是应该昂扬不群，像一匹日行千里的骏马，还是应该随遇而安，像一只浮游水面到处觅食的野鸭呢？究竟是应该与骏马并驾齐驱，还是应该随劣马亦步亦趋呢？究竟是应该与黄鹄比翼齐飞，还是应该与鸡鸭同群争食呢？请先生告诉我，以上这些做法，哪个吉祥？哪个凶险？陷入迷惘的我，到底应该何去何从？当今之世，真是是非颠倒、黑白不分啊！——蝉翼被认为很重，千钧却被认为很轻；黄钟遭毁弃，瓦釜却雷鸣；奸人窃居高位、得意扬扬，贤士失意潦倒、默默无闻。可叹啊，可叹！我已经无话可说，可是又有谁知道我为人之廉正，理解我对君王之忠贞！"

郑詹尹放下蓍策，推辞说："俗话说'尺有所短，寸有所长'，这话说得很有道理。任何事物，总有不足的地方，任何智者总有糊涂的时候，占卜不是什么事情都能预测出来，神灵也不能洞察一切。我看，您还是凭自己的心思，去做自己想做的事情吧。灵龟和神蓍，对此实在无能为力。"

宋玉对楚王问[①] 《楚辞》

原文

楚襄王[②]问于宋玉曰："先生其有遗行[③]与？何士民众庶不誉之甚也？"

宋玉对曰："唯，然，有之。愿大王宽其[④]罪，使得毕[⑤]其辞。

"客有歌于郢[⑥]中者，其始曰《下里》、《巴人》[⑦]，国中属而和者数千人[⑧]。其为《阳阿》、《薤露》[⑨]，国中属而和者数百人。其为《阳春》、《白雪》[⑩]，国中属而和者不过数十人。引商刻羽[⑪]，杂以流徵，国中属而和者不过数人而已。是其曲弥[⑫]高，其和弥寡。

"故鸟有凤[⑬]，而鱼有鲲[⑭]。凤凰上击九千里，绝云霓[⑮]，负[⑯]苍天，足乱浮云，翱翔乎杳冥[⑰]之上。夫藩篱之鷃[⑱]，岂能与之料天地之高哉！鲲鱼朝发昆仑之墟[⑲]，暴鬐于碣石[⑳]，暮宿于孟诸[㉑]。夫尺泽之鲵[㉒]，岂能与之量江海之大哉？

"故非独鸟有凤而鱼有鲲也，士亦有之！夫圣人瑰意琦行[㉓]，超然独处，夫世俗之民，又安知臣之所为哉！"

注释

①宋玉对楚王问：宋玉因受到楚王近臣的责难而为自己进行辩护，表现出他自视颇高、落落寡合的性格。本文记述了他自我辩护的过程与内容。宋玉，战国时楚国人，稍晚于屈原的辞赋家，曾任楚顷襄王的文学侍从。

②楚襄王：即楚顷襄王，名横。

③遗行：不自重、不自爱或有失检点的言行。

④其：这里用做第一人称代词，我，我的。

⑤毕：完，尽。

⑥郢：楚国都城，故地在今湖北江陵境内。

⑦《下里》、《巴人》：曲名，当时流行的俚俗乐曲，不甚高雅。

⑧国：都城。属（zhǔ）而和（hè）：跟着唱。属，随；和，应和。

⑨《阳阿》、《薤（xiè）露》：曲名，当时较为高雅因而不甚流行的乐曲。

⑩《阳春》、《白雪》：曲名，当时非常高雅因而很难流行的乐曲。

⑪引商刻羽：古代以宫、商、角、徵（zhǐ）、羽为五音，即五声音阶的五个级，“引商刻羽”及下文“杂以流徵”意为演唱经典性高雅乐曲。

⑫弥：更，更加。

⑬凤：古代传说中的神鸟。

⑭鲲（kūn）：古代传说中的大鱼。

⑮云霓（ní）：云雾。

⑯负：背负，背靠。

⑰杳冥：高远的天空。

⑱鷃（yàn）：一种小鸟。

⑲昆仑之墟：即昆仑山。

⑳暴（pù）：通“曝”，晒。鬐（qí）：通“鳍”，鱼脊。碣石：山名，在今河北省昌黎境内。

㉑孟诸：大泽名，在今河南商丘境内。

㉒鲵（ní）：小鱼。

㉓瑰（guī）意琦（qí）行：卓越的思想和优异的举止。

译文

事情发生在楚国顷襄王当政的时候。某日，顷襄王把他的文学侍从宋玉召到跟前，问他：“先生，你有什么不检点的言行吗？要不然，为什么从读书人到平民百姓对你多有责难，而且还十分严厉呢？”

宋玉回答说：“哦，哦哦……是的，确实有这种情形。请大王暂且原谅我的罪过，允许我作些辩白，把事情的原委说清楚、讲透彻。还是让我举些例子、打个比方说吧！

“有位精通音律、擅长歌唱的客人，在我们的郢都举办个人音乐演唱会。起初，他先唱流行歌曲《下里》、《巴人》，他一唱，台下的听众就跟着他一起唱，应和的人有几千人之多，场面热烈极了。接下来他又演唱《阳阿》、《薤露》，由于不是很流行，台下应和的人就少了，才几百个人。后来，他演唱他拿手的乐曲《阳春》、《白雪》，由于高雅，台下应和的人就更少了，只有那么几十个人。到了最后，他引商刻羽，杂以流徵，演唱自己创作的乐曲，由于太过高雅，台下应和的，不过寥寥几个人而已。俗话说‘曲高和寡’，客人的遭遇正应了这句话，真是乐曲越高雅，和者越稀少啊!”

接下来，宋玉又以凤鸟与鲲鱼为喻，进一步申说这个道理。他最后说：“大凡圣人，都有卓越的思想和优异的举止，然而没有人能够理解他们，所以他们只得我行我素、超然独处。这就难怪有人非议、责难我了。唉，那些凡夫俗子，又怎么能理解我的所作所为呀!”

项羽本纪赞[1] 《史记》

原文

太史公曰：吾闻之周生[2]，曰“舜目盖重瞳子”[3]，又闻项羽亦重瞳子。羽岂其苗裔邪[4]？何兴之暴[5]也！夫秦失其政[6]，陈涉首难[7]，豪杰蜂起，相与并争，不可胜数。然羽非有尺寸[8]，乘势起陇亩[9]之中，三年，遂将五诸侯[10]灭秦，分裂[11]天下，而封王侯，政[12]由羽出，号为“霸王”，位虽不终[13]，近古[14]以来未尝有也。及羽背关怀楚[15]，放逐义帝而自立[16]，怨王侯叛己，难矣。自矜[17]功伐，奋其私智而不师古[18]，谓[19]霸王之业，欲以力征经营天下，五年卒[20]亡其国，身死东城[21]，尚不觉寤[22]而不自责，过[23]矣。乃引“天亡我，非用兵之罪[24]也”，岂不谬哉！

注释

①项羽本纪赞：本文是对项羽一生历史功过的评价，肯定了他在秦末为推翻秦王朝所作出的巨大贡献，批判了他自恃勇武，专欲以暴力征服、治理天下，并把失败委于天命的错误。赞，一种古代文体，内容褒贬兼具。

②周生：一位汉代儒生，名字不详。

③舜：传说时代的一位上古贤明帝王。重瞳子：每只眼睛都有两个瞳人儿。

④苗裔：后裔，后代。邪：通“耶”。

⑤暴：迅猛。

⑥失其政：政策法令失当，治理方法有误。

⑦陈涉：即秦末造反义军领袖陈胜。难：发难，造反。

⑧尺寸：指极少的原有封地。

⑨陇亩：田野，田地，这里意指民间。

⑩将（jiàng）：率领。五诸侯：指原属战国时期的齐、赵、韩、魏、燕五个诸侯国的造反者。

⑪分裂：意为重新分割。

⑫政：政令。

⑬终：即善终，好结局。

⑭近古：指春秋战国以来。

⑮背关怀楚：放弃关中，怀恋楚地。关，关中，故地在今函谷关以西，西安、咸阳一带，当时是秦王朝腹地，战略地位非常重要。楚，这里特指战国时期楚国故地彭城一带。彭城故地在今江苏徐州。

⑯放逐义帝而自立：义帝，原楚国国君怀王之孙，姓熊名心，项梁当年起兵造反时，立熊心为君，仍号怀王，以便号召天下；后来，项羽自立为君，号称西楚霸王，定都彭城，先尊怀王为义帝，不久又将其放逐至外地，并暗中派人于途中杀之。义，假。

⑰自矜：自我夸耀。

⑱奋：这里意为凭借，依仗。私智：个人的智谋、心计。师古：师法成就帝业的古代圣帝贤君。这里批评项羽“不师古”，反映出司马迁也有严重的崇古崇祖观念。

⑲谓：通“为”，建立。

⑳卒：终于，最后。

㉑身死东城：项羽从垓下突围后，败退东城，又向南，至乌江边自杀身亡。东城故地在今安徽定远。

㉒觉寤：即觉悟，醒悟。寤，通“悟”。

㉓过：错。

㉔天亡我，非用兵之罪：又作“天亡我，非战之罪”。这是项羽在垓下被困时对部下说的话，意为我之所以失败，是由于上天要让我灭亡，而不是因为我用兵不当所致。

译文

对于项羽一生的历史功过，本太史公有如下评论：

我曾经听周生过说，上古贤君舜帝每只眼睛都有两个瞳人儿，又曾听别人说，项羽也是双瞳人儿。于是我便在心中暗想，项羽其人，难道是舜帝的后裔吗？不然，他当年起兵造反，为什么会那样迅猛啊！秦王朝施政失当，苛刻而暴虐，国人不堪其苦，陈涉等人忍无可忍，首先举旗发难，率众造反，一时天下豪杰蜂起，彼此竞争，造反者多得不可胜数。其中的项羽不像亡国的六国诸侯后裔那样有故土可以依凭，他连一尺一寸的封地也没有，只是乘着秦末天下大乱之势，从民间崛起。可是，他却只用了短短三年时间，便率领原齐、赵、韩、魏、燕五国的造反队伍，把秦王朝给灭了，并重新分割天下疆土，分封五侯，一切政令都由他制定并发布，还为自己定了个称号，名曰“霸王”。现在看来，他虽然没有最终保住霸王之位，夺得天下，建立一个新王朝，可是近几百年，历史上还找不出第二个像他这样叱咤风云、功业赫赫的伟丈夫、大英雄。

不过，项羽也有诸多失误，甚至犯过严重错误。他怀念、留恋故乡楚地，放弃关中这个战略要地，这是其一；其二，他放逐并杀掉义帝而自立为君王，使自己成了各路造反者的众矢之的；其三，以功勋显赫而自傲自雄，不肯师法成就帝业的古代贤君，一味逞一己之才智；其四，凭借武力攻杀推翻了秦王朝之后，还想依靠武力征讨治理天下，犯了“马上治天下”的大忌；其五，不能自省自检，知过改过。

本太史公深为项羽之败之死，感到惋惜！

孔子世家赞[1]　　《史记》

原文

太史公曰：《诗》[2]有之："高山仰止，景行行止[3]。"虽不能至，然心乡往[4]之。余读孔氏书，想见其为人。适鲁[5]观仲尼庙堂、车服、礼器，诸生以时习礼其家[6]，余低回[7]留之，不能去云。天下君王至于贤人众矣！当时则荣，没则已焉[8]！孔子布衣[9]，传十馀世，学者宗之[10]。自天子王侯，中国言六艺[11]者，折中[12]于夫子，可谓至圣矣。

注释

①孔子世家赞：本文是对孔子一生的评价。时至今日，对孔子一生做出准确而公正的评价，还是一个难题，对于距孔子时间较近的司马迁来说，也非一件易事，所以他避开了全面评价孔子这一难题，只是用侧面烘托的方式表达了自己对孔子的崇仰之情。

②《诗》：即《诗经》。

③高山仰止，景行（háng）行止：这两句诗出自《诗经·小雅·车辖》，意为有高尚道德者则崇仰之，有伟大举动者则遵行之。景行，就是大道，景是大的意思。止，语助词，无义。

④乡往：即向往。乡，通"向"。

⑤适：去，往，到。鲁：指鲁国故地。

⑥诸生：学生。以时：按时。家：这里指孔子的家庙。

⑦低回：盘桓，徘徊。

⑧没（mò）：通"殁"，死。已：完，意为没有人再记得。

⑨布衣：平民百姓。

⑩宗之：以之为正宗、正统而加以尊奉。

⑪六艺：指《易》、《礼》、《乐》、《诗》、《书》、《春秋》六种古代经典。

⑫折中：加以调和而取中正。现多指协调不同意见使各方都能接受；这里指以孔子为榜样。

译文

对于孔子的学问和人品，本太史公有如下评论：

《诗经》里有两句话深合我的心思，其原话是“高山仰止，景行行止”，意为巍峨的高山，令所有的人都对它肃然起敬；广阔的大道，令所有的人都愿在它上面纵横驰骋。孔子的一生所达到的境界，就如同高山与大道啊！我虽然不能达到这样的境界，但内心却非常向往啊。

每当我读孔子的著作，便能想象出他当年治学授徒、为人处世的卓异风采。到鲁国故地，我参观、瞻仰过孔子的庙堂、车驾、衣服和礼器，亲睹过当地儒生在孔子的家庙里按时演习礼仪的动人情景，这令我在那里盘桓流连多日，久久不肯离去。

从古至今，普天之下，君王以及贤人，实在太多了啊！他们在世的时候，是那样的荣耀无比，风光无限，可是一旦死去，很快便销声匿迹—也就是速朽了啊！而孔子则不然。生前，他只是一个普通百姓；死后，他的学说，他的声名，却流传了十几代，为众多后世学者所崇仰与尊奉。上自天子王侯，下至普通书生，国人讲授、学习六艺，都以孔子的学说为正宗，以孔子的著作为范本。孔子，伟大的孔子，真是一位至高无上的圣人啊！

游侠列传序①（节录）

《史记》

原文

韩子②曰："儒以文乱法，而侠以武犯禁。"二者皆讥，而学士多称于世云③。至如以术取宰相、卿、大夫，辅翼其世主④，功名俱著于春秋⑤，固无可言者。及若季次、原宪⑥，闾巷⑦人也，读书怀独行君子之德，义不苟合当世，当世亦笑之。故季次、原宪终身空室蓬户，褐衣疏食不厌⑧。死而已四百馀年，而弟子志⑨之不倦。今游侠，其行虽不轨于正义⑩，然其言必信，其行必果，已诺必诚，不爱其驱，赴士之厄困。既已存亡死生矣⑪，而不矜⑫其能，羞伐其德，盖亦有足多⑬者焉。

注释

①游侠列传序：游侠是社会边缘人物——游民中的一个特殊群体，以为人出力卖命、敢作敢为而著称。必要的时候，有权势者或想取得权势者把他们奉为上宾，加以利用，过后，又把他们视为"不轨于正义"的暴徒而打压他们。庸常社会大众，则对他们敬而远之。司马迁却一反世俗偏见，为游侠立传，并给予他们一定的历史地位和道德评价。在这篇序文里，作者称赞了游侠言必信、行必果、诺必诚的崇高品德，对他们表示了深切的理解与同情。

②韩子：即韩非，战国末期韩国人，法家学派代表人物，著有《韩非子》一书，以下引文出自该书《五蠹》篇。

③学士：学者。称：称赞，赞扬。

④辅翼：辅佐。世主：当世君主。

⑤春秋：这里指史书、史册。

⑥季次、原宪：孔子弟子。二人皆饱读诗书，却安贫乐道、终身不仕。

⑦闾巷：普通街巷，这里指民间。

⑧褐（hè）衣：粗麻布制成的短衣。疏食：粗淡的食物。不厌：不能得到满足。

⑨志：本义为记，这里是回忆、怀念的意思。

⑩轨：符合。正义：官方制订、民众认同的行为规范。

⑪既已存亡死生：这里意为把别人从危难中解救出来之后。

⑫矜：夸耀。下文“伐”与此同义。

⑬多：称颂，称赞。

译文

法家著名学者韩非先生在其所著的《五蠹》一文中，对儒生和游侠有如下评论：“儒生以诗书礼乐扰乱法律的执行，游侠以武功暴力破坏禁令的贯彻。”显而易见，这两句话是对儒生和游侠的批判与否定，但是儒家学者还是多被世人所称赞，可见世人并不完全认同韩非先生的意见。那些以儒术取得宰相、卿、大夫等职位，辅佐当世君王的儒生，他们所建立的功业与所博得的名望，都已记载在史书之上，这里就不必再说什么了。而那些默默无闻、名不见史册的儒家学者如季次和原宪等人，却很值得一提。季次和原宪等人只是普通而平凡的里巷平民，却能苦读诗书，谨守君子所应遵奉的道德准则，坚持道义原则而不与世俗同流合污，这些都是非常难能可贵的；但是他们的所作所为却被世人讥笑嘲讽。所以，季次和原宪等人只能终身过那种家徒四壁、缺衣少食的穷苦日子。然而，他们虽然已经去世四百余年，而他们的后世弟子，却一直怀念他们，崇仰他们，而且至今不绝。至于游侠，今天看来，他们的某些行为虽然不完全符合通常的道德规范，可是他们出言必讲信义，做事必见结果，已经做出承诺的事情一定切实去做，甚至不惜牺牲自己的生命，去帮助、解救陷于危难的人，而且，把别人从危难中解救出来之后，并不夸耀自己的本领，甚至羞于张扬自己对他人的恩德，这些常人所不具备的品德，也是很值得赞扬的呀！

滑稽列传[1]（节录）

《史记》

原文

淳于髡[2]者，齐之赘婿[3]也。长不满七尺[4]，滑稽多辩，数使诸侯，未尝屈辱。

齐威王之时，喜隐[5]，好为淫乐[6]长夜之饮，沉湎不治[7]，委政[8]卿大夫。百官荒乱，诸侯并侵，国且危亡，在于旦暮。左右莫敢谏。淳于髡说之以隐曰："国中有大鸟，止王之庭，三年不蜚[9]又不鸣，王知此鸟何也？"王曰："此鸟不蜚则已，一蜚冲天；不鸣则已，一鸣惊人。"于是乃朝[10]诸县令长七十二人，赏一人，诛一人，奋兵而出。诸侯振惊，皆还齐侵地[11]。威行三十六年。

威王八年，楚大发兵加齐。齐王使淳于髡之[12]赵请救兵，赍[13]金百斤，车马十驷[14]。淳于髡仰天大笑，冠缨索绝[15]。王曰："先生少[16]之乎？"髡曰："何敢！"王曰："笑岂有说乎？"髡曰："今者臣从东方来，见道傍有禳田[17]者，操一豚蹄，酒一盂，而祝曰：'瓯窭满篝[18]，污邪[19]满车，五谷蕃[20]熟，穰穰满家。'臣见其所持者狭而所欲者奢[21]，故笑之。"于是齐威王乃益赍黄金千镒，白璧十双，车马百驷。髡辞而行，至赵。赵王与之精兵十万，革车[22]千乘。楚闻之，夜引兵而去。

威王大说，置酒后宫，招髡赐之酒。问曰："先生能饮几何而醉？"对曰："臣饮一斗亦醉，一石亦醉。"威王曰："先生饮一斗而醉，恶能饮一石哉[23]！其说可得闻乎？"髡曰："赐酒大王之前，执法[24]在傍，御史在后，髡恐惧俯伏而饮，不过一斗径醉矣。若亲有严客[25]，髡帣鞲鞠跽[26]，侍酒于前，时赐馀沥[27]，奉觞上寿，数起，饮不过二斗径醉矣。若朋友交游，久不相见，卒[28]然相睹，欢然道故，私情相语，饮可五六斗径醉矣。若乃州闾[29]之会，男女杂坐，行酒稽留，六博投壶[30]，相引为曹[31]，握手无罚，目眙[32]不禁，前有堕珥，后有遗簪，髡窃乐此，饮可八斗而醉二参㉝。日暮酒阑㉞，合尊促坐㉟，男女同席，履舄㊱交错，杯盘狼藉，堂上烛灭，主人留髡而送客，罗襦襟解，微闻芗泽㊲，当此之时，髡心最欢，能饮一石。故曰酒极则乱，乐极则悲。万事尽然，言不可极，极之而衰。”以讽谏焉。

齐王曰：“善！”乃罢长夜之饮，以髡为诸侯主客。宗室置酒，髡尝㊳在侧。

注释

①滑（gǔ）稽列传：本文节选淳于髡对齐王进行讽喻、规劝的三个故事，表现了这位滑稽艺人诙谐幽默、聪明机智的性格，和关心国事、为国分忧的品德。淳于髡这类古代滑稽人物，略同于今天曲艺行的相声艺人和杂技行的小丑，中国君主统治时代，宫廷多有此种艺人。

②淳于髡（kūn）：复姓淳于，名髡，齐国人。

③赘（zhuì）婿：当时一种身份低贱的人。赘，抵押，以物质钱。古代贫苦人家的成年男子，由于家中需要钱，被家人典给富户为奴，为期三年，如过期不赎，主人配给女子，这种男子称赘婿。

④长不满七尺：当时男子中等偏低的身高，约相当于今天的1．5米。

⑤喜隐：爱好玩猜谜游戏。

⑥淫乐：没有节制的玩乐。淫，过分。

⑦不治：不理朝政。

⑧委政：把朝政委托给他人（卿大夫）。

⑨蜚：通“飞”。

⑩朝：召臣下来朝。

⑪侵地：被侵占的土地。

⑫之：去，到。

⑬赍（jī）：携带。

⑭驷：古代一车四马为一驷。

⑮缨：带子。索：尽。绝：断。

⑯少：以为少，认为少。

⑰穰（ráng）田：向田神祈求丰收。穰，丰产。

⑱瓯（ōu）窭（lóu）满篝（gōu）：意为不但良田能获得丰收，就是狭小的高坡也能收获满笼满筐的粮食。瓯窭，狭小的高坡。篝，竹笼。

⑲污邪：水洼地。

⑳蕃：繁茂，茂盛。

㉑狭：少。奢：多。

㉒革车：一种载重较大的战车，一车能载甲士步兵75人。

㉓恶（wū）：疑问代词，怎么。石（dàn）：十斗为一石。

㉔执法：指执行酒令的令官。

㉕亲：指双亲，即父母。严客：尊贵的宾客。

㉖帣（juàn）鞲（gōu）鞠䐑（jì）：意为卷起袖套弯着身子跪着敬酒。帣，通“卷”。鞲，袖套。鞠，弯着身子。䐑，跪。

㉗馀沥：剩下的酒。

㉘卒：通“猝”。

㉙州闾：乡里。

㉚六博：古代一种棋类游戏，六黑六白，两人相博，每人六个棋子。投壶：古代一种投箭入壶游戏。

㉛相引为曹：意为客人自愿结合参与游戏。曹，辈，类。

㉜眙（chì）：直视，深情对视。

㉝醉二参：两三分醉意。参：即“叁”。

㉞阑：尽，完。

㉟合尊促坐：将剩余的酒合在一起，促膝而坐。尊，通“樽”，酒杯。

㊱履舄（xì）：泛指鞋子。履，鞋。舄，木底鞋。

㊲芗泽：芳香的气息。芗，通“香”。

㊳尝：通“常”。

译文

淳于髡是齐国人，出身于贫苦之家，成人之后，被家人典给富户为奴，期限三年。期满，家里没有把他赎回去，主人便配给他了一个女奴，这样，他就成了人家所谓的赘婿。他身材不高，只有中等偏下的个头儿，生性爱逗乐、好调笑，很是滑稽有趣，并且能说会道、口才极佳，曾多次奉命出使各诸侯国，从未遭受过屈辱，总能顺利完成使命。

淳于髡生于齐威王在位的时候。这位国君一度很贪玩儿，喜欢跟身边的人玩猜谜游戏，经常一玩就没有节制，通宵达旦地饮酒作乐，沉溺其中，不理朝政，把国家大事统统交给大臣们处理。久而久之，文武百官也效法国君，把国家大事抛在一边，去干自己的事情，弄得内政混乱、国力衰落，各国诸侯趁机入侵，弄得齐国处于濒于亡国的边缘。可是，齐威王身边的人没有一个敢劝阻他。淳于髡看在眼里，急在心里，于是便发挥自己的特长，通过猜谜游戏去规劝齐威王。他出了一个谜，让齐威王猜："都城里有一只大鸟，栖居在王宫里，这只大鸟在这里待了三年，三年之中既不高飞也不鸣叫。大王，您知道它要干什么吗?"

齐威王虽然贪玩儿，却不傻，他立马悟出淳于髡是用这个谜语劝他不要再沉溺于玩乐，应有所作为，便说："这只大鸟想的是不飞便罢，只要一飞，就要冲向天空；不鸣便罢，一鸣就要令人震惊。"

随后，他便上朝理政，把全国七十二个县的官长都召到都城，让他们报告工作，向他们发布指令，还赏了一名好官，杀了一名坏官，然后率兵奋力出征，收复被别国侵占的领土。侵占齐国领土的诸侯们得报后都大吃一惊，赶紧把侵占的地盘归还齐国。此后，齐国强大的威势一直延续了三十六年之久。

齐威王即位的第八年，楚国大举发兵进攻齐国。齐威王派淳于髡出使赵国，去请求赵国发兵援救齐国。临走，让他携带黄金百斤和豪华马车十辆，作为给赵王的赠礼。

淳于髡见国君只让带这么一点儿礼物，觉得太寒酸，便在君王面前仰天大笑起来，直笑得帽带儿都断了。

齐威王问："你笑什么呢？是嫌东西少吗?"

淳于髡说："我怎么敢啊!"

齐威王又问："那你究竟为什么发笑呢?"

淳于髡并不正面回答，只是给齐威王讲了一个故事。他说："我前几天从东边走过，看见路边有人向神灵祈求丰收，这个人只拿来一只猪蹄、一杯薄酒，却请求神灵保佑他家良田五谷丰登，并保佑他家坡地、洼地也大丰收，让粮食满囤满仓。我觉得他奉献不多而要求却很高，所以才笑他。"

齐威王一听就明白了，这是笑他太吝啬，于是便把礼物增到黄金千斤、白璧十双、豪华马车百辆。这样，淳于髡才告别国君，登车上路，去赵国求救兵。收下礼品，赵王也很慷慨，立马派兵十万，外加战车千辆，去救齐国。楚国得到这个消息，连夜撤兵回国。

见楚国退兵，齐威王十分高兴，就在后宫摆酒设宴，召见淳于髡，并赏给他酒喝。席间，齐威王问他："你的酒量怎么样？饮多少才醉呀?"

淳于髡说："这很不好说。——我是饮一斗也醉，饮一石也醉。"

齐威王很不解，又问："你既然饮一斗就醉了，怎么还能饮一石啊？你把我给弄糊涂了，快给解释解释。"

淳于髡不慌不忙，一板一眼地解释说："在大王面前，饮您赏赐的美酒，执行酒令的令官站在旁边，监察御史站在后边，我胆战心惊，诚惶诚恐地趴在地上喝，喝不到一斗，很快就醉了。假若双亲设宴款待尊贵的客人，我挽起套袖，弯着身子或跪在地上陪席，客人不时赏我点剩酒，我还得起身捧杯上前表示祝福，这样跪下站起、站起又跪下，得好多次，饮不了二斗，我很快就醉了。假如是知心朋友交往，大家好久没有见面，突然相见，相互欢快地叙旧，彼此倾吐心曲，大概饮上五六斗，很快就醉了。另一种情况就大不一样了。跟乡亲们聚会，不分男女坐在一起，行酒没有那么多讲究，进行得很缓慢，大家玩六博和投壶游戏，彼此自由组合配对，跟对手打赌，这时无拘无束地手拉着手也不受处罚，亲热地眉目传情也不禁止，珠玉耳饰、金银发簪掉下撒了一地，面对此情此景，我非常高兴，喝上八斗，我才有两三分醉意。玩到天慢慢黑下来，酒也快喝光了，大家把剩下的酒折到一个杯里，你贴着我、我依住你坐在一起，男女同席，鞋乱放，脚乱伸，杯盘散乱不堪，堂上的烛火也都熄灭了，主人撇下我出去送客，这时我趁机解开侍女的罗衩，俯在她的酥胸上，闻那里散发出来的似有若无、芬芳诱人的体香，此时此刻，我最欢快，能饮一石。——这就是说，饮酒过量就会生乱，快乐到极点就会生悲，天下万事无不如此，干什么都不能走极端，一旦走到极端就会衰亡。"淳于髡说这番话，是委婉地劝告齐威王，希望他不要再沉溺于玩乐之中。

齐威王听了，说："你说得真好！"从此停止通宵饮酒作乐，任命淳于髡为接待各国诸侯的主管礼宾官。后来王室贵族举行宴会，淳于髡也常常在一旁陪侍。

货殖列传序[1]（节录）

《史记》

原文

故曰[2]：“仓廪实而知礼节，衣食足而知荣辱。”礼生于有而废于无[3]。故君子富，好行其德；小人[4]富，以适其力[5]。渊深而鱼生之，山深而兽往之，人富而仁义附焉。富者得执益彰，失执则客无所之[6]，以而不乐。谚曰：“千金之子，不死于市[7]。”此非空言也。故曰：“天下熙熙[8]，皆为利来；天下壤壤[9]，皆为利往。”夫千乘之王，万家[10]之侯，百室之君，尚犹患贫，而况匹夫编户[11]之民乎！

注释

①货殖列传序：《货殖列传》是《史记》70篇列传中的一篇，写的是关于财货生产、交换的人和事，为记录中国古代社会经济状况的重要文献。这篇序文论述了货殖在社会生活中的重要性，反映了司马迁先进的经济思想。本文是序文的最后一部分，讲的是道德与财富的关系，主张发展生产，增加社会财富，提高人的物质生活水平，使人生活幸福，然后在此基础上提高人的道德观念与操守。货殖，增加、聚积财货，经营以生利润。货指财物与金钱，殖指生产与盈利。

②故曰：以下两句话是春秋时齐国相管仲说的，见《管子·牧民》，意思是只有家产富有了，有吃有穿，人们才讲究礼节，懂得什么是荣、什么是耻。

③有、无：指财产的富有与贫乏。

④小人：普通百姓，平民。

⑤适其力：量力而为。

⑥客无所之：亲戚、朋友也不再上门。之，去，到。

⑦千金之子，不死于市：意为富家子弟不会犯死罪。古代执行死刑，为震慑民众，多在闹市进行，并暴尸街头以示众，造成恐怖气氛，称为弃市。

⑧熙熙：众人声音喧闹的样子。

⑨壤壤：通“攘攘”，众人行动纷乱的样子。此四句话，前两句和后两句是互文关系。

⑩万家：指食邑万户。下文“百室”，指封地百家。君，指大夫。

⑪编户：编入户口册。

译文

春秋时期齐国名相管仲先生说过：“无论何人，家道富足了，能吃饱穿暖，人格就会提高一步，去追求精神文明，逐渐讲求礼节，懂得什么是荣光，什么是羞耻。”这就是说，礼法生产于富有之日，而废弃于贫穷之时。因此，君子富有了，才会乐善好施；平民富有了，也能量力而行，做些善事好事。这就像水塘深了鱼虾就会在里面繁殖，山林深了野兽就会往里面聚集一样，人富有了，就会追求仁义，讲究道德。富有的人一旦得势，声名就会更加昭著，而一旦失势，亲戚、朋友都会弃他而去，不再跟他来往，使他因此而郁郁寡欢。这就是人们常说的“穷住闹市无人问，富居深山有远亲”，人都很势利。民间有句谚语说：“家产千金的富人之子，通常不会犯杀头弃市的重罪。”这不是一句空话，因为这种人多知礼法，并且富有，不会也不必去犯罪，特别是重罪。所以民间才有这样的说法：“天下人熙熙攘攘东奔西走，都是为了财利而忙碌。”战车千辆的国君，食邑万户的诸侯，封地百户的大夫，尚且害怕贫穷，又何况平民百姓呢！

报任安书[1]（节录）

司马迁

原文

古者富贵而名磨灭，不可胜记，唯倜傥非常之人称[2]焉。盖文王拘而演《周易》[3]；仲尼厄而作《春秋》；屈原放逐，乃赋《离骚》；左丘失明，厥有《国语》[4]；孙子膑脚，《兵法》修列[5]；不韦迁蜀，世传《吕览》[6]；韩非囚秦[7]，《说难》、《孤愤》；《诗》三百篇，大底[8]圣贤发愤之所为作也。此人皆意有所郁结，不得通其道，故述往事，思来者。及如左丘无目，孙子断足，终不可用，退而论书策[9]以舒其愤，思垂空文以自见[10]。

仆窃不逊[11]，近自托于无能之辞[12]，网罗天下放失[13]旧闻，略考其事，综其终始，稽[14]其成败兴坏之纪，上计轩辕[15]，下至于兹，为十表，本纪十二，书八章，世家三十，列传七十，凡百三十篇。亦欲以究天人之际，通古今之变，成一家之言。草创未就，适会此祸[16]，惜其不成，是以就极刑而无愠色[17]。仆诚[18]已著此书，藏之名山，传之其人，通邑大都，则仆偿前辱之责[19]，虽万被戮，岂有悔哉！然此可为智者道，难为俗人言也！

注释

①报任安书：这是司马迁写给他的朋友任安的一封信。这封信的内容很丰富，其中之一，是作者提出了“发愤著书”，为后世留下精神财富的思想与观点。本文是此信的一部分，表达的就是这一内容。任安，字少卿，曾任京城禁卫军军官，后因卷入宫廷权力斗争而被处斩。

②称：被动用法，被称道，被称颂。

③文王拘而演《周易》：相传周文王姬昌曾被商纣王拘禁，在拘禁中推演八卦而得六十四卦，并最后写出《周易》一书。

④《国语》：此书为左丘明所作之说只是传闻，未必可信。

⑤修列：编撰，编写。

⑥《吕览》：即《吕氏春秋》。

⑦韩非囚秦：韩非是战国末期法家学派代表人物，为推销自己的思想主张，去到秦国，不久被李斯陷害下狱，最后死于狱中。

⑧大底：即大抵，大多。

⑨退而论书策：退隐民间，阅读、研究历史文献，并著书立说。

⑩空文：指与具体可见的事功业绩相对的文字作品。见：通“现”。

⑪仆窃不逊：这是司马迁的自谦之词。仆，第一人称代词，我。逊，谦虚。

⑫无能之辞：这是司马迁的自谦之词。

⑬放失：散失。

⑭稽：考察，探究。

⑮轩辕：即传说中的上古贤君黄帝。

⑯会：恰逢。此祸：指李陵之祸。

⑰愠（yùn）色：怒色。愠，怒。

⑱诚：假如（真的）。

⑲责：通“债”。

译文

历史上，生前家产富有、地位尊贵，死后很快被人遗忘而湮没无闻的人是很多的，简直不可胜数，只有那些思想超越世俗、成就卓异非凡的人才会名垂后世，被人称颂。这样的人也不少。周文王被拘禁起来，在囚室里推演八卦而得六十四卦，最终写出《周易》。孔子一生困顿而不得志，却勤奋著述，写成《春秋》。屈原被谤失宠，遭到放逐，写出《离骚》。左丘明双目失明，坚持写作，写成《国语》。孙子惨遭膑刑，写出兵法专著。吕不韦被流放到蜀地，继续修《吕氏春秋》，并最终完成，流传后世。韩非在秦国遭人陷害，被关进监牢，在那里写出《说难》、《孤愤》等佳作名篇。就连《诗经》三百首，也都是圣人贤士抒发胸中忧愤而写成的作品。这些人胸中都有化解不开的郁闷，不能实现自己的理想与抱负，因此才回忆、追述往事，写成作品，目的是希望后人能理解他们。至于左丘明双目失明，孙子双足被砍，还能取得那么大的成就，是因为他们一直不被当权者重用，只好退隐于民间，埋头著书立说，以抒发胸中的不平之气，并希望自己的作品流传下去，让后人理解他们的思想学说。

我则不知自量，最近这些年凭着自己拙劣的文笔，搜罗天下散失的文献资料，从中考证历史真相，澄清事情的始末，探究其成败兴衰的规律，动手写一部书。该书上起轩辕时代，下至当今，分十表、十二本纪、八书、三十世家、七十列传，总计一百三十篇。我写这部书，是想探究自然界与人类社会之间的关系，考察从古至今人类历史演变的法则，构建一个史学体系，表达我个人独立的历史见解。然而，我刚落笔起稿，恰好发生李陵事件，我被残忍地处以宫刑。此时，我为这部书尚未写完而深感痛惜，只得忍辱负重，苟活下去，力争把它写成，因此之故，当时我才身遭极刑而面无怒色。假若我真能把这部书写成，那么我就把它藏在名山之中，以期传给能真正理解此书的人，使它在通都大邑广泛传播。这样，就可以抵偿以前所受的侮辱，以后即使受到更严厉的刑罚，比如再杀我一万次，我也绝不后悔。可是这些话只能向智者倾吐，而不能对凡夫俗子言说。

景帝令二千石修职诏[1]

刘启

原文

雕文刻镂[2]，伤农事者也；锦绣纂组[3]，害女红[4]者也。农事伤，则饥之本也；女红害，则寒之原也。夫饥寒并至，而能无为非[5]者寡矣。朕亲耕，后亲桑，以奉宗庙粢盛[6]祭服，为天下先；不受献，减太官[7]，省繇赋[8]，欲天下务农蚕，素有畜积[9]，以备灾害。强毋攘[10]弱，众毋暴寡，老耆[11]以寿终，幼孤得遂长[12]。今岁或不登[13]，民食颇寡，其咎安在？或诈伪为吏[14]，吏以货赂为市[15]，渔夺[16]百姓，侵牟[17]万民。县丞[18]，长吏也，奸法与盗盗[19]，甚无谓也。其令二千石各修其职；不事官职耗乱[20]者，丞相以闻，请其罪。布告天下，使明知朕意。

注释

①景帝令二千石修职诏：这是汉景帝颁发的一道诏书，受诏者是各诸侯国国相和各郡郡守，宗旨是整顿吏治。景帝，汉景帝刘启。二千石，指各诸侯国国相和各郡郡守，由于他们的俸禄为二千石，所以当时以此通称之。修职，尽职尽责。

②雕文刻镂：本指在器物或建筑物上雕刻花纹图案，这里意为制作奢侈品。

③锦绣纂（zuǎn）组：本指以丝绸制作各种饰物，这里意为追求奢侈品。

④女红（gōng）：指传统社会妇女所做的纺织、刺绣、裁剪、缝纫等事。又作“女功”、“女工”。

⑤为非：即为非作歹，违法犯罪。

⑥粢盛（zī chéng）：古代祭祀时盛在祭器里的谷物。

⑦太官：本指掌管宫廷膳食之官，这里指宫廷膳食的费用。

⑧繇（yáo）赋：徭役和赋税。繇，通“徭”。

⑨畜积：即积蓄。畜，通“蓄”。

⑩攘：掠夺。

⑪老耆（qí）：泛指老人。耆，古代称六十岁以上的人为耆。寿：长寿。

⑫遂长：长大成人。

⑬登：粮食丰收。

⑭诈伪：狡诈、虚伪的人。吏：指古代官府中没有决定权，但各项具体公务都由其办理的小吏。官有任期，吏无任期，甚至是世袭的，所以很厉害。

⑮市：聚集货物进行买卖来谋利。

⑯渔夺：掠夺。

⑰牟：谋取。

⑱县丞：县令的副手，协助县令处理公务。

⑲奸法：舞弊乱法。盗盗：帮助强盗。

⑳耗（mào）乱：昏乱不明。耗，通“眊”，昏乱。

译文

当官的贪图享受，让农夫织妇制作奢侈品，势必妨害农夫耕田种地和织妇纺纱织布，导致百姓无饭可吃，无衣可穿；换句话说，当官的贪图享受，是百姓挨饿受冻的根源。如果百姓饥寒交迫，一些人就会为非作歹，甚至起来造反。我亲自动手耕田种地，皇后亲自动手种桑养蚕，用来供给祭祀所需的谷物和衣饰，目的是为天下做个表率；不收受贡品，减少官中膳食开支，减轻徭役和税赋，目的是让百姓好好耕田种地，种桑养蚕，使家家平时都有积蓄，以防备灾荒。强势者不要掠夺弱势者，多数人不要欺侮少数人，使老年人能安享天年，幼童和孤儿都长大成人。今年粮食收成不好，百姓缺吃少穿，这是谁的过错？或者说错在哪里？一个重要原因是用人不当，让一些狡诈、虚伪之徒做办事的吏员，他们往往借官府之威、仗官府之势，贪污受贿，聚集财货，与商人勾结起来做生意，掠夺天下百姓，谋取私利。尤其是那些县丞，身为众吏之长，经常作弊乱法，甚至庇护、帮助强盗为害一方，其所作所为，与朝廷设立此一职位的初衷完全相反，简直不能容忍。兹命令各封国国相和各郡郡守，各自恪尽职守，整顿属下吏员，严禁其为非作歹，祸害百姓；对于那些玩忽职守、昏聩糊涂的国相和郡守，丞相要据实向我检举，请求定他们的罪，惩罚他们。你们要用布告向天下公布此诏，让百姓都知晓、理解我的意思。

武帝求茂才异等诏①

刘彻

原文

盖有非常之功，必待非常之人。故马或奔踶②而致千里，士或有负俗之累③而立功名。夫泛驾④之马，跅弛⑤之士，亦在御⑥之而已。其令州郡察吏民有茂才异等，可为将相及使绝国⑦者。

注释

①武帝求茂才异等诏：这是汉武帝颁发的一道诏书。由于实行中央集权的郡县制，朝廷需要在全国范围内选拔一批有能力的人去各地做官，以推行朝廷政令。为此，汉武帝采纳董仲舒的建议，建立了旨在选拔人才的察举制度，并一再下诏督促实行。茂才，即秀才，亦即优秀人才（此时，后来在中国实行了一千多年的科举制度尚未产生，所以这里的“秀才”与隋唐以后的“秀才”含义不同）。此诏被东汉人班固收入其《汉书·武帝纪》，为避讳东汉光武帝刘秀的名，班固改秀才为茂才。异等，出乎其类，与众不同。

②奔踶（dì）：性烈而不驯服。踶，踢，踏。

③负俗之累：受到世俗的排斥而身负不好的名声。

④泛（fěng）驾：不听驾驭，把车拉得东倒西歪，以致颠覆。泛，通“覂”，颠覆，翻倒。

⑤跅（tuò）弛：放荡不羁，不守规矩。跅，恣意而为，不受拘束。弛，不遵礼法。

⑥御；驾驭，控制。

⑦使：出使。绝国：极为遥远的国家。

译文

要建立一番异乎寻常的功业，必须选拔一批异乎寻常的优秀人才，让他们为此而献身。优秀人才往往如性情暴烈的骏马，有时狂奔乱踢，却能日行千里，他们也常遭世俗的非议而名声不佳，却能建大功、留美名。由此可见，对于放荡不羁的优秀人才，跟使用烈马一样，只要善于驾驭、控制，他们也同样能为我所用。兹命令各州郡的主事官员对属下吏民进行认真考察，从中选拔出一批能够出将入相、可以出使远方的优秀人才，举荐给朝廷。

诫兄子严敦书①

马　援

原文

援兄子严、敦并喜讥议②，而通轻侠客③。援前在交趾④，还书诫之曰："吾欲汝曹⑤闻人过失如闻父母之名，耳可得闻，口不可得言也。好议论人长短，妄是非正法⑥，此吾所大恶⑦也，宁死不愿闻子孙有此行也。

"汝曹知吾恶之甚矣，所以复言者，施衿结缡⑧，申父母之戒，欲汝曹不忘之耳。

"龙伯高敦厚周慎⑨，口无择⑩言，谦约节俭，廉公有威，吾爱之重之，愿汝曹效⑪之。杜季良⑫豪侠好义，忧人之忧，乐人之乐，清浊无所失⑬，父丧致客，数郡毕⑭至，吾爱之重之，不愿汝曹效之也。效伯高不得，犹为谨敕⑮之士，所谓刻鹄不成尚类鹜者也⑯。效季良不得，陷为天下轻薄子，所谓画虎不成反类狗者也。讫⑰今季良尚未可知，郡将下车辄切齿⑱，州郡以为言⑲，吾常为寒心⑳，是以不愿子孙效也。"

注释

①诫兄子严敦书：这是东汉名将马援写给侄子马严、马敦的一封家书。在这封信中，他针对侄子们的两个缺点，谆谆告诫他们要做一个宽厚谨慎的人，不要成为浮浪子弟，话语恳切而峻厉，颇为感人。然而似乎吊诡的是，在说杜季良的时候，既说了其长，又道了其短，看上去颇有点自相矛盾。其实不然，他是怀着叹惋之情道杜之短的，话语中充满善意，与通常所说的那种缺乏善意的背后对他人说长道短根本不同。马援，字文渊，长期追随光武帝刘秀东征西战，屡立战功，曾任陇西太守、伏波将军。此信是他率军远征交趾的时候写的。

②并：共同，都。讥：讥讽，嘲笑。

③轻侠客：轻薄浮浪、好勇斗狠的人。

④交趾：郡名，故地在今越南境内。公元42年，光武帝刘秀任命马援为伏波将军，南征交趾。

⑤汝曹：你们。曹，辈，类。

⑥妄：随意地，缺乏根据地。是非：这里用做动词，意为褒贬，即评论、议论。正法：朝廷的政策与法令。

⑦恶（wù）：厌恶。

⑧施衿结缡（lí）：古代习俗，女子订婚、出嫁时，母亲代表父亲把佩带和佩巾系在女儿身上。衿，一种彩色带子，女子订婚时所系。缡，一种巾帕之类的物品，女子出嫁时所系。

⑨龙伯高：名述，伯高是其字。光武帝读了此信后，提升他为零陵太守。敦厚：宽厚。周慎：周到而谨慎。

⑩择：通“殬（dù）”，坏，败。

⑪效：效法，效仿。

⑫杜季良：名保，季良是其字。曾任越骑司马，由于仇家告他“为行浮薄，乱群惑众”，而被光武帝免职。

⑬清浊：清喻贤良之人，浊喻不肖之徒。无所失：意为什么样的人都结交。

⑭毕：全，都。

⑮谨敕（chì）：谨慎，能自我约束。敕，通“饬”，谨慎。

⑯刻：画。鹄（hú）：天鹅。鹜（wù）：野鸭。

⑰讫：通“迄”，至，到。

⑱郡将：即郡守。汉代郡守兼掌军权，故称郡守为郡将。下车：即官员刚刚到任就职。辄：就。切齿：厌恶，痛恨。

⑲以为言：即以之为言，也就是把他当成谈话的资料。

⑳寒心：担心，忧虑。

译文

东汉名将马援有两个侄子，一个叫马严，一个叫马敦。这两个年轻人有两个共同的毛病，就是好讥笑、议论别人，并经常与一些轻狂好斗的人在一起厮混。马援一直很关心他们，在他奉命率军远征交趾的时候，还于繁忙的军务之余，给他们写了一封信，谆谆告诫他们做人要忠厚严谨，切莫华而不实，成为轻浮浅薄之徒。这封信是这样的：

我希望你们听说别人有什么过失，要像听到自己父母的名字那样，只能听而不能说。背后议论别人的长短，随意评论朝廷的法令，这是我最厌恶的行为，我宁肯一死，也不愿听到我们马家子孙有这种恶行。你们早已知道我非常痛恨这种习性，这里之所以写信重申，是想让你们牢记于心，永远不忘。我给你们举两个例子。其一是龙伯高。此公为人厚道谨慎，从来不说别人的坏话，而且谦虚节俭，办事廉明公正而有威严，我敬仰他、尊重他，并希望你们向他学习，效法他高尚的品行。其二是杜季良。此公豪放仗义，以他人之忧为忧，以他人之乐为乐，无论是好人还是坏人，他都结交。他的父亲去世时，招引来很多宾客，他的好几个郡的朋友都来吊唁、送葬。我同样敬仰他、尊重他，但是我不希望你们向他学习，效法他的所作所为。向龙伯高学习，纵然学不到家，还可以成为一个谨慎庄重的人，这就像人们所说的那样，“画天鹅画不成，至少也会像一只野鸭”。而如果向杜季良学习，一旦学不到家，就会堕落成为一个现世常见的那种轻薄浮浪子弟，那就像人们所说的那样，“画虎不成反类犬”，弄巧成拙。时至今日，杜季良的结局究竟如何还很难说，但是有一点却是肯定的，任何一位郡守刚一到任，很快就会对他切齿痛恨，无论是州里还是郡里，很多人都拿他当谈资，看不起他。我常常替他担心，因此不希望我们马家子孙效仿他。

陈情表[1]

李密

原文

臣密言：臣以险衅[2]，夙遭闵凶[3]。生孩六月，慈父见背[4]；行年四岁，舅夺母志[5]。祖母刘，愍[6]臣孤弱，躬亲[7]抚养。臣少多疾病，九岁不行；零丁孤苦，至于成立[8]。既无叔伯，终鲜[9]兄弟。门衰祚[10]薄，晚有儿息[11]。外无期功强近之亲[12]，内无应门五尺之童。茕茕孑立[13]，形影相吊[14]。而刘夙婴[15]疾病，常在床蓐。臣侍汤药[16]，未尝废离。

逮奉圣朝[17]，沐浴清化[18]。前太守臣逵[19]，察臣孝廉[20]；后刺史臣荣[21]，举臣秀才[22]。臣以供养无主，辞不赴命。诏书特下，拜臣郎中；寻[23]蒙国恩，除臣洗马[24]。猥[25]以微贱，当侍东宫[26]，非臣陨首所能上报[27]。臣具以表闻，辞不就职。诏书切峻，责臣逋慢[28]；郡县逼迫，催臣上道；州司临门，急于星火[29]。臣欲奉诏奔驰，则刘病日笃[30]；欲苟顺私情，则告诉不许[31]。臣之进退[32]，实为狼狈。

伏惟[33]圣朝以孝治天下。凡在故老[34]，犹蒙矜育[35]，况臣孤苦，特为尤甚。且臣少事伪朝[36]，历职郎署[37]，本图宦达，不矜[38]名节。今臣亡国贱俘，至微至陋，过蒙拔擢[39]，宠命优渥[40]，岂敢盘桓[41]，有所希冀。但以刘日薄[42]西山，气息奄奄[43]，人命危浅，朝不虑夕。臣无祖母，无以至今日；祖母无臣，无以终馀年。母孙二人，更相为命[44]，是以区区[45]不能废远。臣密今年四十有[46]四，祖母刘今年九十有六。是臣尽节[47]于陛下之日长，报刘之日短也。乌鸟私情[48]，愿乞终养。臣之辛苦[49]，非独蜀之人士及二州牧伯[50]所见明知，皇天后土，实所共鉴[51]。愿陛下矜愍愚诚，听臣微志。庶[52]刘侥幸，卒保馀年。臣生当陨首，死当结草[53]。臣不胜犬马怖惧之情[54]，谨拜表以闻。

注释

①陈情表：本文标题又作“陈情事表”。表是古代一种文章体式，属奏

章一类的上行文，臣民对君王有所陈述、请求时才使用。作者李密曾在三国时期的蜀汉做官，位至尚书郎，蜀汉灭亡后，晋武帝征召他出任太子洗马，而且逼迫甚急。中国古代读书人有很强烈的一臣不事二主的传统观念，新朝的征召、催逼，令李密进退两难。晋朝建立之初，武帝曾标榜以孝治天下，聪明而又有孝心的李密针对这一点，向武帝呈上这通《陈情表》，以祖母年老多病，需要他奉养为由，辞不就职。不料，此表竟打动了武帝，不惟准许他在家为祖母养老送终，还对他有所奖赏。一直到祖母死后，服丧期满，李密才出来做官，历任尚书郎、太守等职。文章情真意切，言语委婉，十分动人，为历代所传诵。

②险衅：指命运不好。险，坎坷。衅，事端。

③夙（sù）：早，指幼年。闵凶：指忧患凶丧之事。闵，通“悯”。

④见背：意为抛弃了我，也就是死去。背，背弃。

⑤舅夺母志：意为舅舅强迫守寡尽节的母亲改嫁他人。

⑥愍（mǐn）：怜悯，可怜，通“悯”。

⑦躬亲：亲自。躬，身躯。

⑧成立：成人。

⑨终：一直。鲜（xiǎn）：少，这里意为没有。

⑩衰：人丁不兴旺。祚（zuò）：福分。

⑪儿息：儿子。息，后代。

⑫期（jī）功强（qiāng）近之亲：即近亲。期、功，古代根据亲属血缘远近，规定服丧期限，其中，服丧一年，即穿一年孝服，为期服；服丧九个月为大功服，服丧五个月为小功服。这些都是血缘关系比较近的亲属。强近，比较近。

⑬茕（qióng）茕：孤独的样子。孑立：孤单的样子。

⑭吊：慰问。

⑮婴：通“缨”，缠绕。

⑯汤药：即汤和药。汤为热水、开水。

⑰逮：到，到了。圣朝：奉承之词，指晋朝。

⑱沐浴：比喻蒙受，承受。清化：清明的教化。

⑲逵：太守的名，其姓不详。

⑳察：与下文的“举”连用，构成“察举”，意为考察与推荐，这是介于世袭制与科举制之间的一种人才选拔制度，比世袭制先进，较科举制落

后。孝廉：这是察举制中对一种优秀人才的称谓，善事父母为孝，品行端正为廉。汉朝规定各郡国每年按二十万人推举孝廉一人，送到朝廷，授予一定官职。晋朝袭用此制，但名额有变化、

㉑荣：刺史的名，其姓不详。

㉒秀才：察举制度中对优秀人才的一种称谓，由地方长官推荐。此与隋唐以后科举制度中的“秀才”有别。

㉓寻：不久。

㉔除：免去原职，授予新职。洗（xiǎn）马：即太子洗马，储君的侍从官。

㉕猥：谦辞，意为令对方受辱。

㉖当：担当。东宫：即太子。东宫是太子的住地，这里是以住地作为主人的代称。

㉗陨（yǔn）首：掉脑袋，死亡。陨，坠落。报：报答。

㉘逋（bū）慢：有意回避和怠慢。逋，逃避。

㉙星火：流星与社火。社火即焰火。

㉚日笃：一天一天加重。

㉛告诉：请求与申述。不许：未得到允准。

㉜进退：做官或不做官。

㉝伏惟：敬辞，我想。伏，伏地，表示恭敬与惶恐。惟，思考。

㉞故老：年迈的老臣。

㉟矜育：怜悯与抚养。

㊱事：又作“仕”。伪朝：指已经灭亡的蜀汉。

㊲郎署：指自己在蜀汉做的官——郎中和尚书郎。

㊳不矜：不珍惜。用这个自我否定之语的时候，作者内心一定极其痛苦，因为读书人一般都非常在乎自己的名节。

㊴过：意为感到过分。拔擢（zhuó）：提拔，提升。

㊵宠命：可得到的荣宠与被授予的官职。优渥（wò）：优厚。

㊶盘桓：徘徊，逗留。

㊷日薄：一天一天迫近。薄，迫近。

㊸奄奄：微弱的样子。

㊹更（gēng）相为命：相依为命，谁也离不了谁。更，轮番，交替。

㊺区区：真诚恳切。

㊻有：通“又”，表零数。

㊼尽节：很好地履行与完成臣下的职责。

㊽乌鸟私情：像乌鸦反哺一样的亲情，即孝心。传说幼鸦长大以后能给母鸦喂食。

㊾辛苦：辛酸与痛苦。

㊿二州：即当时的梁州和益州，这里原为蜀汉地盘，作者一直在此生活。牧伯：对刺史的敬称。

(51)皇天后（hòu）土：即天神与地神。鉴：明察，清清楚楚地看到，知道。

(52)庶：或许，假如。

(53)死当结草：意为死后在地下也要报恩，典出《左传》。据《左传》鲁宣公十五年记载，春秋时期，晋国大夫魏犨（chōu）有一姬妾，深受他的宠爱，他年老患病之初，曾嘱咐儿子魏颗，待他死后，一定要把这名宠妾嫁出去，不要让她殉葬。可是到了病危之时，他又改变了主意，一定要她殉葬。魏犨死后，魏颗仍按父亲先前的吩咐办事，把这名女子嫁了出去，没有让她殉葬。后来，魏颗与秦将杜回交战，看见一位老人用地上的野草结成绳子把杜回绊倒在地，使他得以生擒杜回，取得胜利。当晚他做了一梦，梦见老人自称是那位宠妾之父，白天所为，是报答他不杀女儿之恩的。后世即用这个典故，表示死后也要报恩。

(54)不胜犬马怖惧之情：古代奏章套话，表示诚惶诚恐之情。

译文

臣李密谨上奏皇帝陛下：我由于命运不好，自幼就接连遭遇种种忧患凶丧之事。——出生才六个月，我那慈爱的父亲就离我而去，一命归天；好不容易长到四岁，舅父又违背我母亲守寡尽节的意志，强迫她改嫁他人。我的祖母刘氏，可怜我命运孤苦、身体虚弱，就亲自抚养我。我从小就经常生病，一直长到九岁，还不会行走；我就这样孤苦伶仃地过日子，一直到长大成人。我这一房，长辈中没有叔父、伯父，同辈中没有哥哥、弟弟，人丁不兴旺，福分很浅薄，我直到很晚才得了个儿子。在外，没有血缘关系比较近的同宗亲族；在内，没有能照应门户的孩子。我真是孤孤单单、寂寞冷落，每天陪伴我、安慰我的，只有我的影子。而我的祖母刘氏，早年就身患重病，长年被病痛缠绕，一直卧病在床，我每天送水喂药，悉心地侍奉她，从来也没有怠慢过她、离开过她。

直到圣朝建立，我成了陛下的臣民，才得以承蒙您清明的教化。先是太守举我为孝廉，后是刺史荐我为秀才。这两次，我都因为祖母没有人侍奉和赡养而推辞了，没有从命。后来，陛下又特地颁发诏书，任命我为郎中，不久又蒙受国恩，授予我太子洗马之职。以我卑微低贱的身份，去担任太子的侍从，这样的恩典，是我献出生命也不能报答的啊！为此，我向陛下呈送一通奏章，谢绝了对我的任命，没有前去就职。随后，陛下又颁发一道诏书，急迫而严厉地责备我，说我逃避责任、怠慢朝廷。地方长官也一个接一个地前来催促我，让我赶紧上路，进京赴任。在这种情况下，我本来想奉诏进京，为陛下奔走效劳，只是由于祖母刘氏的病情一天一天加重，又想徇一点私情不去赴任，可是无论怎么请求、申述，朝廷都不答应。此时此刻，我出去做官也不是，因为不合孝道；在家侍奉祖母也不是，因为有违臣节。我真是进退两难，狼狈不堪。

我想，圣朝一向标榜以孝治天下。所有的故旧老臣都蒙受陛下的怜悯与抚养，而与他们相比，我的孤苦无助，比他们更加严重。再说，我年轻的时候曾经效忠过伪朝蜀汉，做了几任郎官，本来是贪图通过做官而飞黄腾达，根本不珍惜自己的名节。如今，我身为一个亡了国的卑贱的俘虏，人格最卑微、身份最鄙陋，可是却蒙受了朝廷的破格提拔，给予我优厚的荣宠和任命，我还怎么敢迟疑徘徊、别有所求呢！只是由于祖母即将走到生命的尽头，说不定哪一天就要撒手人寰了。当年，我如果没有祖母，就没有办法活到今天；如今，祖母如果离开我，就没有办法度过最后的岁月。可以说，我和我的祖母二人，是相依为命、谁也离不了谁的，因此，我确确实实不能丢下她，去远方就职。今年我才四十四岁，祖母则已经九十六岁了，我为陛下恪尽臣节、奔走效劳的时间还很长，而我为祖母尽孝、报答她的日子已经不多了。因此，凭着这点私情，请求陛下准许我在家为祖母养老送终。我多少年来的辛酸和痛苦，不光我身边的人和地方长官知道，就是天地神灵也看得清清楚楚、明明白白。愿陛下理解、同情我对祖母这愚拙的诚心，接受我的这个小小的请求。这样，我的祖母也许能够侥幸安然度过这最后的岁月，那么我不仅活着要为陛下效劳，不惜献出生命；就是死后也要像结草报恩的古人那样，报答陛下的恩典。最后，我怀着诚惶诚恐的心情，谨拜表上奏。

兰亭集序①

王羲之

原文

永和九年，岁在癸丑②，暮春之初，会于会稽山阴之兰亭③，修禊事也④。群贤毕至，少长咸集。此地有崇山峻岭，茂林修竹；又有清流激湍⑤，映带左右⑥，引以为流觞曲水⑦，列坐其次⑧，虽无丝竹管弦之盛⑨，一觞一咏⑩，亦足以畅叙幽情。是日也，天朗气清，惠风和畅，仰观宇宙之大，俯察品类之盛⑪，所以游目骋怀⑫，足以极视听之娱，信可乐也⑬。

夫人之相与⑭，俯仰一世⑮，或取诸怀抱，晤言一室之内；或因寄所托，放浪形骸之外⑯。虽取舍万殊，静躁不同，当其欣于所遇，暂得于己，快然自足，曾不知老之将至⑰。及其所之既倦⑱，情随事迁，感慨系之矣⑲！向之所欣⑳，俯仰之间，已为陈迹，犹不能不以之兴怀，况修短随化㉑，终期于尽！古人云㉒："死生亦大矣。"岂不痛哉！

每览昔人兴感之由㉓，若合一契㉔，未尝不临文嗟悼㉕，不能喻之于怀㉖。固知一死生为虚诞㉗，齐彭殇为妄作㉘，后之视今，亦犹今之视昔，悲夫！故列叙时人，录其所述，虽世殊事异，所以兴怀，其致一也㉙。后之览者，亦将有感于斯文㉚。

注释

①兰序集序：东晋穆帝永和九年，也就是公元353年，农历三月初三，王羲之与朋友谢安、孙绰等41人，在会稽郡山阴县的兰亭举行了一次诗酒集会。与会者按当时风俗，一边在水边嬉游采兰，洗濯身体，以祛除不祥，一边临流赋诗，以各抒怀抱，后来将这些诗作汇集起来，编成一集，取名《兰亭集》，王羲之是主事者，为《兰亭集》写了这篇序文。文章叙述了兰亭之会的缘由，描绘了兰亭周围的美丽景致与集会的快乐景象，并抒发了作者

由此而产生的人生感慨。第一部分文笔清丽而流畅，煞是可爱；后面抒发人生感慨部分似与前面脱节，有突兀无依之弊。近年有人据此断言此文为后人伪造。此说证据不足，不能成立，因为文章大家也会有败笔。

②岁在癸丑：用中国传统的天干地支纪年法推算，这一年是癸丑年，也就是牛年。岁，年。

③会（kuài）稽山阴：会稽是当时的一个郡，辖区包括今江苏东部与浙江西部一带。山阴是当时的一个县，今属浙江绍兴。

④修禊（xì）：古代的一种祭礼，原在三月上旬的巳日，曹魏以后定在三月初三，这一天人们到水边嬉游采兰，熏香沐浴，洗濯身体，以祛除不祥。

⑤激湍（tuān）：水流急猛的样子。

⑥映带：相互辉映。

⑦为：做，玩。流觞（shāng）曲水：古代的一种游宴方式，玩法是人们列坐在弯弯曲曲的水边，把斟满美酒的漆制酒杯放在水上，任其漂流而下，酒杯停在谁跟前，谁就取杯而饮。“流觞”与“曲水”之间省略了一个“于”字。觞，酒杯。

⑧次：处所，地方，这里指水边。

⑨丝竹管弦：中国乐器的总称，丝、弦指琴与瑟之类乐器，竹、管指笛与箫之类乐器。这里指音乐伴奏。

⑩一觞一咏：一边饮酒，一边赋诗。

⑪品类：物类，天地万物。

⑫游目：双眼四处观望。骋怀：放任情怀，浮想联翩，感慨万端。

⑬信：确实，实在。

⑭相与：彼此交往，相互亲近。

⑮俯仰一世：形容时间过得很快，人生短暂。俯仰，一低头一抬头。一世，一生。

⑯放浪形骸：放纵自己，想说什么就说什么，想干什么就干什么，不受任何拘束。放浪，放纵，放任。形骸，身躯。

⑰曾：竟然。这里的“曾”通常与否定副词“不”连用，构成否定性词组。

⑱所之：指所向往、所追求的事物。倦：厌倦。

⑲系：随，随着。

⑳向：从前，过去。

㉑修短：长短，这里指生命的长短。化：造化，大自然。

㉒古人：指孔子。下面的引语出自《庄子·德充符》，这是孔子的话，被庄子所引用。

㉓兴感：产生感慨。由：缘由，原因。

㉔若合一契：像符契相合那样，完全一致。契，文契，古代一种合同文书，分两半，签订合同的双方各执一半，以为凭证，检验时合二为一，完全相合，方为有效。

㉕文：指古人抒发人生感慨的诗文。嗟悼：叹息与哀伤。

㉖喻（yú）：通“愉”，愉快，高兴。

㉗一死生：把死与生当成一回事儿或混为一谈。虚诞：无根据，不可信。

㉘齐彭殇：把长寿与短命等量齐观。彭，彭祖，古代传说中人物，据说他生存的时间跨夏、商、周三代，享年八百岁。妄作：胡乱编造。“一死生”、“齐彭殇”观念在魏晋士大夫中十分盛行，从下文看，作者似乎介于信与不信之间，对人生的短暂深感无奈。

㉙致：情致。

㉚斯文：指本文。斯，此，这。

译文

永和九年，正值癸丑年，这年的三月初三，我和我的朋友们在会稽郡山阴县的兰亭举办文人雅集，进行修禊活动。当时，来了许多名人贤士，既有年轻的，又有年长的，大家欢聚在一起，非常热闹。这一带既有崇山峻岭环抱，茂林修竹萦绕，又有清澈湍急的溪水流淌，与周围的景物融为一体，交相辉映，构成一幅美丽的图画。我们在这里做流觞曲水游戏，大家一个挨一个地坐在溪流边上，尽情玩乐，虽然没有悦耳动听的音乐为我们助兴，但是大家一边畅饮美酒，一边纵情诵诗，也完全能够尽情尽兴地抒发各自的情怀。这一天，天气晴朗，空气清新，春风习习，吹拂着我们，令人感到暖和而畅快，真是爽极了！当此之际，我一会儿仰面遥望那浩渺无际的天宇，一会儿俯身察看那种类繁多的万物，以此纵目观赏，开怀想象，想看就看，想听就听，尽情享受眼观耳听的乐趣，实在快乐啊！

兰亭之会过后，坐下来一想，却别有一番滋味涌上心头。人们共同生活在这个世界上，经常你来我往，忙忙碌碌，可是转眼之间，一辈子就过去了，人生非常短暂。在这短暂的一生中，有些人比较内敛，经常约请一些意气相投的朋友聚集于一室之内，以促膝畅谈，交流心得；有些人比较外向，经常放浪形骸，不受任何礼法的拘束，以表达思想，寄托情怀。虽然人们的处世方式千差万别，天生禀性各有不同，但是，有一点是一样的，那就是在为自己遇到的事物感到欣喜，一时间不禁怡然自得，既高兴又满足，可是，就在这不知不觉之间，宝贵光阴匆匆流逝，人已经老了。等到对自己过去所向往、所追求的事物感到厌倦，情感也随着事物的变化而转移，万端感慨就会随之而生啊！因为自己过去所喜欢的事物，转眼之间已经变成历史的陈迹，尚且令人感伤不已，又何况人的寿命有长有短，谁也不能做主，都得听任造化的安排，而且最终都得归于一死！古人说："死亡与生存，这是人生最大的一件事情。"每想到这一点，就不能不感到痛心啊！

每当阅读古人抒发人生感慨的文章，考察他们产生这种感慨的缘由，发现他们简直是不谋而合，完全一样，面对这些文章，总是叹息不已，哀伤不止，心里无论如何也高兴不起来。我当然知道把死与生混为一谈是荒谬的，把长寿与短命等量齐观是虚妄的。然而，后人看待我们，跟我们看待古人是一样的。这正是事情的可悲之处啊！正是有感于此，我才逐一列出与会者的姓名，收录他们所作的诗篇，虽然时代不同，人事也各异，但是触发他们感慨的原因，与古人却是一样的。我想，后代那些阅读这部诗集的人，读了这篇序文，也会产生同样的感慨。

桃花源记①

陶渊明

原文

晋太元中②，武陵人捕鱼为业③，缘溪行，忘路之远近。忽逢桃花林，夹岸数百步，中无杂树，芳草鲜美，落英缤纷④。渔人甚异之。复前行，欲穷其林。

林尽水源，便得一山。山有小口，仿佛若有光⑤。便舍船，从口入。初极狭，才通人；复行数十步，豁然开朗。土地平旷，屋舍俨然⑥，有良田、美池、桑竹之属，阡陌交通，鸡犬相闻。其中往来种作，男女衣著⑦，悉如外人⑧；黄发垂髫⑨，并怡然自乐。

见渔人，乃大惊，问所从来，具答之。便要还家⑩，设酒杀鸡作食。村中闻有此人，咸来问讯。自云先世避秦时乱⑪，率妻子邑人来此绝境，不复出焉，遂与外人间隔。问今是何世，乃不知有汉，无论魏晋⑫。此人一一为具言所闻，皆叹惋。余人各复延至其家⑬，皆出酒食。停数日，辞去。此中人语云⑭："不足为外人道也⑮。"

既出，得其船，便扶向路⑯，处处志之⑰。及郡下，诣太守⑱，说如此。太守即遣人随其往，寻向所志，遂迷，不复得路。

南阳刘子骥⑲，高尚士也。闻之，欣然规往⑳。未果，寻病终㉑。后遂无问津者㉒。

注释

①桃花源记：本文是作者为自己的《桃花源诗》所写的序文。在这篇序文里，作者假借渔人的奇遇，描绘出了一个他所向往的理想世界，曲折地反映了他对现实社会的失望与否定。文章以渔人的行踪为线索，用白描手法生动地描绘了桃花源的美丽图景，情节曲折，层次清楚，言语清新而简洁，是

一篇美文。

②太元：东晋孝武帝的年号。

③武陵：当时的一个郡，郡治在今湖南常德。

④落英：有两解，一为落花，一为初开的花；这里应为初开的花。

⑤仿佛：似有若无的样子。

⑥俨然：排列有序，整整齐齐的样子。

⑦衣著：即衣着，穿的戴的。

⑧悉：都，全。

⑨黄发垂髫（tiáo）：老人和儿童。垂髫，儿童垂发。古时儿童头发不上束，披垂双肩，所以称儿童为垂髫。

⑩要：通“邀”，邀请。

⑪秦时乱：指秦朝末年及秦朝灭亡之后的战乱。

⑫无论：不必说，不用说。

⑬延：请，邀请。

⑭语（yù）：告诉，诉说；这里意为叮嘱。

⑮不足：不要。

⑯扶：沿着，顺着。向：先前。

⑰志：记，做标记。

⑱诣：去，到；这里意为求见。

⑲南阳：当时的一个郡，郡治在今河南南阳。刘子骥：名麟之，子骥为其字，当时隐士。

⑳规：计划，打算。

㉑寻：不久。

㉒问津：寻访，打听。津，江河渡口。

译文

晋朝太元年间，武陵郡有个人以打鱼为生。有一天，这个渔民出去打鱼，划着渔舟沿着一条小溪往前行驶，走了很远很远。走着走着，忽然遇见一片桃花林。桃花林夹岸而生，大约有好几百步长，里边连一棵杂树也没有，清一色全是桃树。地下芳草如茵，鲜嫩而美丽；枝头繁花锦簇，娇艳而灿烂。看到这美丽的景致，渔人非常惊讶。为好奇心所驱使，他继续往前走，想走到桃花林的尽头。

走到桃花林的尽头一看，渔人发现，这里原来是小溪的发源地。小溪的上边有一座小山，山上有一个小洞，洞口似有若无透出一点亮光。为了一看究竟，渔人便下船上岸，从那个洞口钻了进去。入口处很狭窄，只能容一个人通过；再往里走几十步，前面忽然出现一片开阔而明亮的地方。这里土地平坦而宽广，房舍整整齐齐，还有肥沃的田地，清澈的池塘，以及桑林与竹丛等，田间小道纵横交错，鸡鸣犬吠之声处处都能听到，呈现出一派安宁祥和、生气勃勃的动人景象。人们在这里来来往往，辛勤耕作，男人和女人的穿戴，跟外边完全一样；老人悠闲恬淡，小孩活泼愉快，人人自得其乐。

里边有个人无意间发现了渔人这个不速之客，不禁大吃一惊，便上前跟他说话，问他是从什么地方来的；渔人把自己是什么地方的人，干什么的，以及怎么一路过来，一一告诉了他。于是，这个人便邀请渔人去他家做客，又是摆酒，又是杀鸡，做了一桌美味佳肴，盛情款待渔人。后来，村里其他人听说从外边来了一位客人，都过来问候致意，打听外边的消息。他们还特意介绍自己的来历，说他们的祖先为了躲避秦朝末年的战乱，带领妻子与儿女以及乡邻；来到这个与世隔绝的地方，后来再也没有出去过，这样便与外边的人断绝了交往。他们还问渔人，现在是秦始皇的第几世子孙做皇帝，可见，他们不知道秦朝早已灭亡，接下来出现了汉朝；至于魏朝和晋朝，那就更不知道了。渔人把世道的变迁跟他们说了一遍，他们听了，都为世道变化之大而感叹，为自己未能亲自目睹这种巨大变化而惋惜。其他人又轮流把渔人请到家里，摆酒做饭盛情招待。在这里住了几天后，渔人向主人告辞，要回家去。临别的时候，主人再三叮嘱他说："这里的情形，千万不要对外边的人说呀。"

从洞中出来之后，渔人找到自己的渔舟，就沿着原路往回走，一路上，到一个地方做一个标记，把这条路标得清清楚楚。回家之后，他特意去了一趟郡城，拜见太守，向他述说了自己这番奇遇。太守马上派人跟他前去看个究竟，可是寻找先前所做的标记，却找不到了，因此再也不知道去桃花源怎么走了。

南阳有个刘子骥，是一位品德高尚的隐士。听说这件事之后，十分高兴，打算前去桃花源隐居。可是他费了好大劲儿也没有找到地方，不久就病死了。此后，再也没有人去寻访桃花源了。

五柳先生传①

陶渊明

原文

先生不知何许人也，亦不详其姓字，宅边有五柳树，因以为号焉。闲静少言[②]，不慕荣利[③]。好读书，不求甚解[④]；每有会意[⑤]，便欣然忘食。性嗜酒，家贫，不能常得，亲旧知其如此[⑥]，或置酒而招之[⑦]；造饮辄尽[⑧]，期在必醉[⑨]；既醉而退，曾不吝情去留[⑩]。环堵萧然[⑪]，不蔽风日，短褐穿结[⑫]，箪瓢屡空[⑬]，晏如也[⑭]。常著文章自娱，颇示己志。忘怀得失，以此自终。

赞曰[⑮]："黔娄有言[⑯]：'不戚戚于贫贱[⑰]，不汲汲于富贵[⑱]。'其言兹若人之俦乎[⑲]？衔觞赋诗[⑳]，以乐其志，无怀氏之民欤[㉑]？葛天氏之民欤[㉒]？"

注释

①五柳先生传：陶渊明辞官归隐之后，自号五柳先生。论者通常认为本文是作者以史传笔法为自己写的一篇自传。文章简练而生动，明白而晓畅，且亦庄亦谐，幽默有趣，以区区 171 个字，便把一位安贫乐道，恬淡自适的隐士形象活灵活现地描绘了出来。隐士有两类，一类为假，隐居是为了显达，如出山前的诸葛亮；一类为真，隐居是为了脱俗，如辞官后的陶渊明。

②闲静：心地平和宁静，行止恬淡闲适。

③荣利：名利。

④不求甚解：意为不刻意求解，不钻牛角尖儿。

⑤会意：领悟其意，心有所得。

⑥旧：故旧，老朋友。

⑦或：虚指代词，有的人或有的时候。

⑧造：去，到。

⑨期：约定。

⑩曾不：从来不。吝：吝惜，在意。

⑪环堵：房屋的四壁。萧然：萧条，什么也没有。

⑫褐：粗麻布上衣。穿结：窟窿、补丁。

⑬箪（dān）：盛饭的圆形竹器。

⑭晏如：安然自在的样子。

⑮赞：评论。

⑯黔娄：春秋时齐国隐士，一生清贫自守，不求仕进。

⑰戚戚：忧愁悲伤的样子。

⑱汲汲：急切追求的样子。

⑲俦（chóu）：类，同类。

⑳衔觞（shāng）：饮酒。觞，酒杯。

㉑无怀氏：传说中的上古帝王。

㉒葛天氏：传说中的上古帝王。

译文

这位五柳先生很另类，他既不知道自己是什么地方人，也不知道自己姓甚名谁。那么为什么叫五柳先生呢？由于住宅旁边有五棵柳树，就以“五柳”为名号，自称“五柳先生”。此人生性恬淡宁静，少言寡语，从不羡慕、追求名利。他很爱读书，却不钻牛角尖儿，能领略大意和要旨，就满足了，而且每有一点儿心得体会，便很高兴，甚至高兴得忘了吃饭。他天生爱喝酒，简直嗜酒成癖，可是由于家里很穷，常常无酒可喝，这令他深感痛苦。亲戚、朋友都知道他常常为此而苦恼，有时候就打点儿酒请他去喝。他只要一去，就把酒喝个精光，而且一定要喝得酩酊大醉，醉了就告辞，从来不顾惜亲友的挽留。他家徒四壁，房子破旧，既不能挡风，也不能蔽日；衣裳粗劣破旧，打满了补丁；常常缺米少面，吃了上顿没有下顿。对于这种处境，他却安然自在，从不怨天尤人。他还经常写点儿文章，一方面自娱自乐，一方面表达志趣。他从来不计较个人得失，并把这当成自己的操守，一直坚持到生命终结。

五柳先生引用古人的话，对自己的一生作如下评论：春秋时期的隐士黔娄先生有一句名言，说：“不要为贫贱而忧愁悲伤，更不要为富贵而钻营奔忙。”黔娄的话，说的不就是五柳先生这类人吗？饮酒赋诗，以此使自己心情快乐，志趣洒脱，多么好啊！五柳先生这种人，究竟是无怀氏时代的人呢，还是葛天氏时代的人呢？要不，他怎么会那样啊！这一点连他本人也说不清楚，道不明白。

原 毁[1]

韩 愈

原文

古之君子[2]，其责己也重以周[3]，其待人也轻以约[4]。重以周，故不怠；轻以约，故人乐为善。闻古之人有舜者[5]，其为人也，仁义人也。求其所以为舜者[6]，责于己曰："彼，人也；予[7]，人也。彼能是[8]，而我乃不能是！"早夜以思，去其不如舜者，就其如舜者[9]。闻古之人有周公者[10]，其为人也，多才与艺人也[11]。求其所以为周公者，责于己曰："彼，人也；予，人也。彼能是，而我乃不能是！"早夜以思，去其不如周公者，就其如周公者。舜，大圣人也，后世无及焉；周公，大圣人也，后世无及焉。是人也，乃曰："不如舜，不如周公，吾之病也[12]。"是不亦责于身者重以周乎！其于人也，曰："彼，人也，能有是，是足为良人矣；能善是，是足为艺人矣。"

取其一不责其二，即其新不究其旧，恐恐然惟惧其人之不得为善之利[13]。一善易修也[14]，一艺易能也。其于人也，乃曰："能有是，是亦足矣。"曰："能善是，是亦足矣。"是不亦待于人者轻以约乎！

今之君子则不然，其责人也详，其待己也廉。详，故人难于为善；廉，故自取也少[15]。己未有善，曰："我善是，是亦足矣。"己未有能，曰："我能是，是亦足矣。"外以欺于人，内以欺于心，未少有得而止矣。是不亦待其身者已廉乎！其于人也，曰："彼虽能是，其人不足称也[16]；彼虽善是，其用不足称也。"举其一不计其十，究其旧不图其新，恐恐然惟惧其人之有闻也[17]，是不亦责于人者已详乎！夫是谓不以众人待其身，而以圣人望于人，吾未见其尊己也[18]。

虽然，为是者有本有原[19]，怠与忌之谓也[20]。怠者不能修，而忌者畏人修。吾尝试之矣，尝试语于众曰："某良士，某良士。"其应者，必其人之与也[21]；不然，则其所疏远不与同其利者也；不然，则其畏也。不若是，强者必怒于言，懦者必怒于色矣。又尝语于众曰："某非良士，某非良士。"其不应者，必其人之与也；不然，则其所疏远不与同其利者也；不然，则其畏也。不若是，强者必说于言㉒，懦者必说于色矣。是故事修而谤兴，德高而毁来。呜呼！士之处此世，而望名誉之光，道德之行，难矣！

将有作于上者㉓，得吾说而存之，其国家可几而理欤㉔！

注释

①原毁：这是韩愈的一篇议论文名作。原，考察，探讨；毁，毁谤，诽谤，即出于某种不良动机，说别人的坏话，败坏人家的声誉。在这篇文章里，作者考察、探讨了社会上某些人毁谤别人，败坏人家声誉这种不良风气产生的原因与后果，并予以严厉的批判。虽然是议论文，由于运用了对比手法，却写得形象而生动，一点儿不枯燥乏味。文章排比句较多，使全篇文意贯通，气势夺人，很有说服力。

②君子：古代对有一定社会地位者的通称。

③责：要求。周：周详，严格，全面。

④约：与上文的"周"相对，简约，少。下文的"廉"与"约"同义。

⑤舜：历史传说中的远古贤明君王，

⑥求其所以为舜者：探讨舜能够成为贤明君王的原因。求，考察，探讨。所以，这里表示原因。

⑦予：与"彼"相对，第一人称代词，我。

⑧是：这，这样。

⑨就：与上句的"去"相对，"去"是克服、抛弃的意思，"就"是选择、发扬的意思。

⑩周公：古代贤臣。姓姬名旦，周文王之子，周武王之弟，曾辅佐武王灭商，建立周王朝。封于鲁，是鲁国始祖。武王死，成王年幼，周公摄政，协助成王治理天下。周代礼乐制度创立者，中国传统文化奠基人之一。

⑪才：才干，才能。艺：技能。

⑫病：缺陷，缺点。

⑬恐恐然惟惧其人之不得为善之利：总担心他人得不到做善事应该得到的称赞和好处。恐恐然，戒惧警惕，小心翼翼的样子。惧，担心。

⑭修：修炼，养成。

⑮取：收获。

⑯称：称道，给予好评。

⑰闻：名声，声誉。

⑱尊己：提高自己的地位或声誉。

⑲本、原：根源，缘由。

⑳怠：懈怠，懒惰。忌：嫉妒。

㉑与：相与。这里指相与的人，也就是朋友。

㉒说：通“悦”，高兴。

㉓作：作为，建功立业。上：上位，高位。

㉔几：猜测、估计之词，即庶几，差不多。理：治。治与乱相对，乱指治理得不好，天下动荡不安；治指治理得很好，天下太平安定。唐代，高宗名治，唐人为避其讳，写文章时改“治”为“理”。

译文

古代的君子，对自己要求既严格又全面，对别人要求则既宽容又宽松。由于对自己要求既严格又全面，所以无论干什么，都很勤勉，从不懈怠，从不偷懒；由于对别人要求不那么严格，也不那么全面，所以人家都愿亲近他们，乐意为他们做事，帮助他们。他们从书上得知，古代有位叫舜的人，是一个对人很仁爱，又热心公益的人。于是便思考、探究舜为什么会成为那样的人，想明白之后，就鞭策自己说：“他是个人，我也是个人，他能那样，我却不能那样，实在惭愧！”从此，便从早到晚不停地进行自我检讨，克服自己身上那些不如舜的缺陷，发扬自己所具有的与舜相同的长处。他们从书上又得知，古代有位名叫周公的人，是一个有多方面才能与本领的人。于是便思考、探究周公为什么会成为那样的人，想明白之后，又鞭策自己说：“他是个人，我也是个人，他能那样，我却不能那样，实在惭愧！”从此，便从早到晚不停地进行自我检讨，克服自己身上那些不如周公的缺陷，发扬自己所具有的与周公相同的长处。在古代君子的心目中，舜是一代大圣人，周公也是一代大圣人，后世没有谁能够赶上他们。于是，这些古代君子就自责说：“赶不上舜，赶不上周公，这是我的缺陷啊！”这就是他们要求自己既严格又全面的具体表现。可是，对别人，他们往往会说：“那个人，能有这样的品行，就足以称得上贤良的人了；能有这样的本领，就足以称得上有才能的人了。”

古代君子对别人，都是只取人家一个方面的长处，而不苛责人家其他方面的短处；只看人家的现实表现，而不追究人家过去的所作所为。他们总是诚惶诚恐，生怕别人得不到做善事应该得到的称赞与好处。一种良好的品行，容易养成；一门出众的技能，也容易学会。如果谁养成某种良好品行，或学会某种出众技能，他们就予以肯定，加以称赞。这就是他们对别人要求宽容、宽松的表现。

今天的君子就不是这样了。他们要求别人，既严格又全面；要求自己，却既宽容又宽松。由于对别人要求既严格又全面，所以别人就不愿亲近他们；由于对自己要求既宽容又宽松，所以他们很难有长进。自己还没有什么长处，就自夸说："我有这种长处，就足够了。"自己还没有什么能耐，就自夸说："我有这种能耐，就足够了。"他们就是这样自欺欺人，没有什么长进就止步不前了。对别人，他们却是另一种态度。人家有能耐和长处，他们却说："他虽然有这种能耐，也不值得称道；他虽有这种长处，也不值得称道。"他们只看人家某一方面的缺点，不看人家多方面的长处；只看人家过去的不足，不看人家现在的进步。而且总是惶惶不安，生怕别人得到好名声。这不就是要求别人严格，要求自己宽松吗？这就叫做用普通人的标准要求自己，却用圣人的标准要求别人，他们这样做，并不能抬高自己。

今天的君子这样做，有两个原因，即懒惰与嫉妒。由于懒惰，自己就不能刻苦地进行品德修养，养成高尚品行；由于嫉妒，生怕别人刻苦地进行品德修养，从而超过自己。我曾经做过测验。例如我说某先生是位贤良之士，某先生也是位贤良之士。那些赞成我的说法的人，一定是这两位先生的朋友；那些不赞成我的说法的人，要么是与这两位先生关系疏远而没有共同利益的人，要么是畏惧他们的人。如果不是这样，那么强势的人一定会用愤怒的言词加以反驳，弱势的人也一定会表现出生气的样子。又如我说某先生不是什么贤良之士，某先生也不是什么贤良之士。测验的结果，与上面完全一样。由此我得出一个结论，那就是一个人一旦事业有了成就或品德有了长进，诽谤他的流言飞语就会随之而来。唉，人处在这样的环境中，要想博得好名声，或高尚品德被人效法，是很难很难的呀！

身居高位而将有作为的人，如果得到我所说的这些道理并牢记住，那他的国家差不多就可以治理好了吧。

圬者王承福传①

韩 愈

原文

圬之为技，贱且劳者也。有业之②，其色若自得者。听其言，约而尽③。问之，王其姓，承福其名，世为京兆长安农夫④。天宝之乱⑤，发人为兵⑥。持弓矢十三年⑦，有官勋⑧，弃之来归，丧其土田，手镘衣食⑨，馀三十年。舍于市之主人⑩，而归其屋食之当焉⑪。视时屋食之贵贱⑫，而上下其圬之佣以偿之⑬。有馀，则以与道路之废疾饿者焉。

又曰：粟，稼而生者也；若布与帛，必蚕绩而后成者也⑭；其他所以养生之具，皆待人力而后完也。吾皆赖之⑮。然人不可遍为，宜乎各致其能以相生也。故君者，理我所以生者也⑯；而百官者，承君之化者也⑰。任有大小⑱，惟其所能，若器皿焉。食焉而怠其事，必有天殃，故吾不敢一日舍镘以嬉⑲。夫镘易能，可力焉，又诚有功⑳，取其直㉑，虽劳无愧，吾心安焉。夫力易强而有功也㉒，心难强而有智也。用力者使于人，用心者使人，亦其宜也。吾特择其易为无愧者取焉㉓。嘻！吾操镘以入富贵之家有年矣。有一至者焉，又往过之，则为墟矣。有再至、三至者焉，而往过之，则为墟矣。问之其邻，或曰：噫！刑戮也㉔。或曰：身既死而其子孙不能有也。或曰：死而归之官也㉕。吾以是观之，非所谓食焉怠其事而得天殃者邪？非强心以智而不足，不择其才之称否而冒之者邪㉖？非多行可愧，知其不可而强为之者邪？将富贵难守，薄功而厚飨之者邪㉗？抑丰悴有时㉘，一去一来而不可常者邪？吾之心悯焉㉙，是故择其力之可能者行焉。乐富贵而悲贫贱，我岂异于人哉？

又曰：功大者，其所以自奉也博㉚。妻与子，皆养于我者也㉛，吾能薄而功小，不有之可也㉜。又吾所谓劳力者，若立吾家而力不足，则心又劳也。一身而二任焉㉝，虽圣者不可为也。

愈始闻而惑之，又从而思之，盖所谓“独善其身”者也[34]。然吾有讥焉[35]，谓其自为也过多，其为人也过少。其学杨朱之道者邪[36]？杨之道，不肯拔我一毛而利天下。而夫人以有家为劳心，不肯一动其心以畜其妻子[37]，其肯劳其心以为人乎哉？虽然，其贤于世之患不得之而患失之者，以济其生之欲[38]，贪邪而亡道[39]，以丧其身者，其亦远矣！又其言有可以警余者，故余为之传，而自鉴焉。

注释

①圬（wū）者王承福传：这是作者为泥水匠王承福所写的一篇传记。长安泥水匠王承福自食其力，安分守己，甘心过清贫生活，居卑贱地位，并真诚信奉“用力者使于人，用心者使人”这一儒家信条。王承福立身行事的特异之处引起了作者的关注，遂为他写下这篇传记。但本文的立意，并不在于描绘这位普通劳动者的形象，而在于借题发挥，表达自己的见解。作者一方面批评王承福信奉“杨朱之道”，只知为己，不知为人；一方面又肯定了他“独善其身”的可贵品格，指出他的所作所为，比统治阶级中那些身居高位却饱食终日，碌碌无为，又患得患失、见利忘义、贪得无厌的人要高尚得多。显而易见，作者写这篇传记，旨在借题发挥，针砭时弊，抨击官场那些腐败而庸碌的当权者。王承福不愿娶妻生子，是他的人生选择，他应该享有这样的自由权利，别人应该尊重他的这种选择。可是有人——如他的传记作者韩愈老先生，却大不以为然，还指责他奉行“杨朱之道”，只知为己，不知为人。由此可见，在传统中国，想要“独善其身”，也并非易事；又可见，传统中国需要变革。圬，抹灰，粉刷墙壁。圬者，就是泥瓦工，泥水匠。

②业之：以之为业。业，这里用作动词，以……为职业。

③尽：详尽，透彻。

④京兆：本为汉代京畿行政区划名，后世因此称京城为京兆。唐代京城在长安，所以有“京兆长安”之说。

⑤天宝之乱：即历史上有名的“安史之乱”。天宝是唐玄宗李隆基的年号，由于“安史之乱”发生在天宝年间，所以史称此乱为“天宝之乱”。

⑥发人为兵：即朝廷征调百姓当兵。

⑦持弓矢：弓矢，即弓箭。弓矢在这里指代兵器，持弓矢就是当兵。

⑧官勋：官职与勋阶。古制，有战功的人授予没有实职的官衔，唐代分十二等，最高为上柱国，最低为武骑尉。

⑨手镘（màn）衣食：手持抹刀干活，换来衣裳和食物。手，这里用作动词，手拿，手持。镘，泥水匠抹灰涂泥的工具，俗称抹子、抹刀。

⑩舍：这里用作动词，居住。

⑪归其屋食之当：交付应交付的房租和饭钱。归，交付。当，相当。

⑫视：根据，按照。时：当时。

⑬上下：这里用作动词，意为提高或降低。佣：佣金，即工钱。

⑭蚕：这里用作动词，养蚕。绩：这里用作动词，搓麻绳。蚕绩就是养蚕与纺织。

⑮赖：依靠。

⑯理：即治。详见《原毁》注释㉔。

⑰化：教化，即教育。

⑱任：职责，责任。

⑲舍：放下，丢弃。

⑳诚：确实。功：成效，成绩。

㉑直：通“值”，工钱。

㉒强：勉力，努力。

㉓特：只，仅。

㉔刑戮：因触犯刑律而被杀头。戮，杀。

㉕归之官：指财产被官府没收。

㉖冒：冒充：指才能与德行均不称职，却勉强去做官。

㉗飨（xiǎng）：通“享”，享用，享受。

㉘抑：抑或，或许。丰悴：即荣枯。时：时运，运气。

㉙悯：忧伤，哀怜。

㉚自奉：拿来供自己享用。博：多。

㉛养于我：被我养活。

㉜不有之：不娶妻生子。

㉝一身而二任：即一个人既要劳力又要劳心。

㉞独善其身：意为不为世俗不良风气所左右，保持自己的品格与操守。语出《孟子·尽心上》：“穷则独善其身，达则兼济天下。”

㉟讥：批评；责难。

㊱杨朱：战国初期思想家，主张贵生重己，宣扬“为我”之说，奉行“拔一毛而利天下不为也”。后世学者多指责、贬斥杨朱，说他主张“为我”，

是宣扬自私自利。其实在春秋战国时期，统治者为了个人的一己之利，连年征战，杀伐无度，弄得社会动荡，生灵涂炭，在这种情况下主张“为我”，宣扬贵生重己，何错之有？

㊲畜（xù）：养活。

㊳济：满足。

㊴亡（wú）道：即无道。亡，通“无”。

译文

泥水匠为人家粉刷墙壁，涂抹地面，向来被认为是一种卑贱而又劳累的职业。可是京城长安有个人，当了大半辈子泥水匠，却自得其乐，甚至乐此不疲。我跟他聊天，他言语不多，却扼要透彻。我问他姓甚名谁，何方人氏，他说他姓王，名承福，世世代代居住在京城长安，以种地为业。他还向我说了他的经历，和他对人生世道的看法。

他的经历很简单。天宝年间，发生安史之乱，朝廷征调百姓当兵打仗，他应征入伍，一去就是十三年。他立过功，当过官，还授过勋。后来，他弃官退伍，回到家乡，想重操旧业，继续种地。可是由于战乱，他家的地早归了别人。无奈，他只得另谋生路，于是就当了泥水匠，靠体力和手艺过活。这一干，就是三十多年。他租房而居，吃住都在房东家里，付过房租和饭钱，如果有剩余，就周济那些沿路乞讨的乞丐。

他对人生世道的看法颇为奇特。下面记的，就是他的言辞。

人们吃的五谷杂粮，都是经过耕种从地里长出来的。人们穿的衣裳，都是养蚕纺织才做出来的。其他所有过日子的用品，都是付出劳动才有的。这些东西，我一样也离不了，我就是靠它们生存的。然而人不能什么都干，只能各尽其能，以便与他人共同生存。正是由于这个原因，才有了社会分工。当皇帝的，职责是治理天下，让老百姓过上好日子；而各级官员，职责是秉承皇帝的旨意，教育感化老百姓，让人们都明白事理，遵守礼法。职责有大有小，都应该各尽其能，就像日常用的器具那样，大的多盛些东西，小的少盛些东西。我坚信，无论谁，如果饱食终日而无所事事，不尽自己的职责，终有一天，神灵一定会惩罚他，所以我一天也不敢丢下抹刀去玩耍。泥水匠的活计很容易，只要肯卖力就行，活儿又确实干得好，凭着这赚些工钱，虽然很累，我不但觉得于心无愧，还感到心安理得。体力劳动比较容易通过努力取得成效，脑力劳动却很难通过努力获得聪明才智。古人说，出力的人受别人统治，用心的人统治别人，说的就是各人应该干自己所能干的事，很有道理。我当泥水匠，只是选个干起来比较容易，赚点工钱问心无愧的活计罢了。唉，我手拿抹刀去富贵人家干活，干了很多年。我干过活的很多富贵人家，那华丽的宅第早已变成一片废墟。我向他们的邻居打听他们的遭遇，得到的回答令人感到悲哀。有的人说："哎呀，这家的主人因触犯刑律被杀头了！"有的人说："这家的主人死了以后，家业被子孙败光了。"有的人说："这家的主人死了以后，家产被官府充公了。"都应验了我上面说的那些话。我为他们深感悲哀，因此才选择了一个自己力所能及的职业，当了泥水匠。爱富贵而恶贫贱，人人如此，我也一样。

说起娶妻生子，王承福也别有一番理由。他说：本领强、成就大的人，享受好一些，多一些，是理所应当的。妻子儿女，都得我养活，可是我本领弱、成就小，不娶妻生子，也没有什么不可。再说我只是个凭力气吃饭的人，如果有了妻子儿女，我却无力养活他们，那么我不但得为他们出力，还得为他们费心。一个人既要劳力，又要劳心，不要说我这样的普通人办不到，即使是圣人，也办不到啊。

听了王承福的这番话，起初我颇感困惑不解，心想，这是怎样一个人呢？继而仔细一想，我明白了，这是一位贤人——一位能够独善其身的贤人。不过，我对他也有如下责难：为自己想得做得太多，为他人想得做得太少，简直就是奉行杨朱之道。杨朱哲学，是拔一毛而利天下人我不为。作为一个人，把娶妻生子视为一桩劳心的苦差事，不肯费一点儿心思去养活妻子儿女，他难道还肯为别人操心劳神吗？这样的人，也太自私了。只是转念一想，又觉得与世上那些身居高位，却患得患失，为了满足自己生活欲望，贪得无厌，邪念迭起，不循正道，从而招致杀身之祸的人相比，他又贤明很多。另外，他的话颇有些警戒我之处，因此为他写下这篇传文，作为自己的鉴戒。

送董邵南序①

韩 愈

原文

燕、赵古称多慷慨悲歌之士②。董生举进士③，连不得志于有司④，怀抱利器⑤，郁郁适兹土⑥。吾知其必有合也⑦。董生勉乎哉！

夫以子之不遇时，苟慕义强仁者⑧，皆爱惜焉，矧燕、赵之士出乎其性者哉⑨！然吾尝闻风俗与化移易⑩，吾恶知其今不异于古所云邪⑪？聊以吾子之行卜之也⑫。董生勉乎哉！

吾因子有所感矣。为我吊望诸君之墓⑬，而观于其市，复有昔时屠狗者乎⑭？为我谢曰⑮："明天子在上，可以出而仕矣⑯！"

注释

①送董邵南序：董邵南，寿州安丰（故地在今安徽寿县境内）人，作者的朋友。唐德宗贞元年间，他赴京城长安参加进士考试，屡试不中，深感失意。唐代的安史之乱起于藩镇军阀割据，安史之乱平定以后，藩镇军阀割据的局面并未结束，又延续了六七十年。当时，河北藩镇割据一方，到处招揽人才，以扩充实力，对抗朝廷；而一些科场失意的读书人，为了寻找出路，便前去投靠，入其幕府做幕僚，董邵南便是其中之一。本文是作者在董邵南将去河北寻找出路的时候写给他的。作者反对地方割据，主张国家统一，所以在这篇序里，一方面对董邵南的遭遇和处境表示同情，一方面对董邵南提出忠告，劝他留下来为朝廷效力，不要去投靠藩镇。文章仅一百多字，却写得委婉含蓄，情真意切。本文标题又作"送董邵南游河北序"。序，一种古代文体。唐代之前，有一种文章称"赠言"；到了唐初演变成一种文体，叫"序"，内容仍是朋友间的赠言。

②燕（yān）、赵：古国名，燕国辖今河北、辽宁一带，赵国辖今河北、

山西一带。这里指当时的河北地区。燕、赵多慷慨悲歌之士的说法，出自《史记》。《史记·刺客列传》："荆轲既至燕，爱燕之狗屠及善击筑（古乐器名）者高渐离。荆轲嗜酒，日与狗屠及高渐离饮于燕市。酒酣以往，高渐离击筑，荆轲和而歌于市中，相乐也。已而相泣，旁若无人者。"慷慨悲歌之士指荆轲、高渐离之类行侠仗义的豪士。

③举进士：经州县考试合格，被举荐参加进士考试，叫举进士。

④有司：官吏。古代设官分职，公务各有专司，所以称官吏为有司。司，主管。这里指主考官。

⑤利器：本指锋利的兵器，这里喻指杰出的才干。

⑥郁郁：满腔抑郁不快之情。适：动词，赴，去。兹土：这里指古燕赵之地。兹，这。

⑦合：遇合，即得到赏识与重用。

⑧苟：假若，如果。慕义：仰慕、追求道义。强（qiǎng）仁：努力践行仁德。强，勉力。

⑨矧（shěn）：何况，况且。

⑩与化移易：随着教化的施行而变化。化，教化，即主流思想观念的灌输。移易，转移与变化。

⑪恶（wū）：怎么。今不异于古：即今天的风俗（社会风气）与古代一样淳朴。

⑫聊：姑且。卜：检测，验证。

⑬吊：凭吊，祭拜。望诸君：即乐毅，战国时期燕国名将。本为赵国人，曾辅佐燕昭王大败齐国，成就霸业。后被诬陷，避祸归赵，封望诸君。

⑭屠狗者：指以屠狗为业又善击筑的高渐离。详见本篇注②。这里指不得志的风尘豪士。

⑮谢：告诉。

⑯仕：做官。"明天子在上，可以出而仕"两句，是委婉劝说董邵南留在长安为朝廷效力，不要去投靠藩镇。明天子，即圣明的皇帝。这是传统社会臣民说到帝王的时候惯用的套话。

译文

古人说燕赵之地，多慷慨悲歌的英雄豪杰。董君进京参加进士科考试，接连考了几次，都没有被主考官录取，很不得志。您是一个有杰出才能的人，屡试不中，使您深感苦闷与无奈，便决定赴燕赵之地，去寻找出路。我估计您到了那里，一定会得到赏识，受到重用。既然已经做出决定，董君，您就努力奋斗吧！

您如此怀才不遇，如果能够遇到向慕道义、力行仁德的人，他们都会同情您，爱护您。何况燕赵之士都有行侠仗义的天性，到了那里，或许会有人帮助您。然而，社会风气往往会随着当权者所施行的教化而改变，不知道燕赵之地今天的社会风气，会不会还像过去那样古朴淳厚。您未来的前景如何，我一时难以断定，就用您的此番河北之行来验证吧。董君，您就努力奋斗吧！

我因为您的河北之行而产生许多感慨。到了那里，请代我凭吊一下望诸君的坟墓，并去民间观察观察社会风气，看看今日的燕赵之地还有没有昔日那种行侠仗义的豪士。如果有，请代我跟他们说：“如今的皇上非常圣明，你们都可出来做官了。”

桐叶封弟辨①

柳宗元

原文

古之传者有言，成王以桐叶与小弱弟②，戏曰："以封汝。"周公入贺。王曰："戏也。"周公曰："天子不可戏。"乃封小弱弟于唐③。

吾意不然。王之弟当封邪，周公宜以时言于王，不待其戏而贺以成之也④；不当封邪，周公乃成其不中之戏⑤，以地以人与小弱弟者为之主⑥，其得为圣乎？且周公以王之言不可苟焉而已⑦，必从而成之邪⑧？设有不幸，王以桐叶戏妇、寺⑨，亦将举而从之乎？

凡王者之德，在行之何若⑩。设未得其当，虽十易之不为病⑪；要于其当，不可使易也，而况以其戏乎！若戏而必行之，是周公教王遂过也⑫。

吾意周公辅成王，宜以道⑬，从容优乐⑭，要归之大中而已⑮，必不逢其失而为之辞⑯；又不当束缚之，驰骤之⑰，使若牛马然，急则败矣。且家人父子尚不能以此自克⑱，况号为君臣者邪！是直小丈夫缺缺者之事⑲，非周公所宜用，故不可信。

或曰：封唐叔，史佚成之⑳。

注释

①桐叶封弟辨：不知道是为了树立与维护帝王的权威，还是为了制约帝王的言行，古人编造了不少关于帝王的神话与教条，如周成王桐叶封弟之事，如"天子无戏言"之说便是。很多人信以为真，从不怀疑其真实性与可靠性。可是早在一千多年前，善于逆向思维的唐代人柳宗元却对此加以质疑，认为历史上流传的这类神话与教条是不可盲目信从的。本文分析了周成王桐叶封弟传说的虚假性，批判了把帝王言行绝对化、神圣化的所谓"天子无戏言"的教条，提出如果帝王言行失当，"虽十易之不为病"的主张，且

论说周密透彻，说服力强，是一篇优秀的论说文。辨，古代一种考察、分辨是非的论说类文体。

②成王：即周成王，周武王之子，名诵，继位时年仅十三岁，由其叔父周公摄政。小弱弟：即成王之弟叔虞。古代礼制，帝王常以玉圭为封地的符信，授予宗室成员或臣子，表示封赏。据《吕氏春秋·重言》、《说苑·君道》记载，某日，成王与叔虞在一块儿玩耍，把一片桐叶剪成玉圭状，递给叔虞，并说："我把这个封给你。"《史记·晋世家》也有关于此事的类似记载。

③唐：古国名，故地在今山西翼城境内。古代唐与桐音近，所以传说后来周成王便将唐地封给叔虞。

④成：使役动词，使……成，即促成。

⑤不中（zhòng）：不恰当，不合适。

⑥主：国主，封国的统治者。

⑦苟：苟且，随随便便。

⑧必：在这个疑问句中，应理解为何必。

⑨妇、寺（shì）：均为帝王近侍，前者指妃嫔，后者指宦者。

⑩何若：即若何，如何，怎样。

⑪易：改变，更改。病：过错。

⑫教：教唆。遂：做并且做成某件事。过：过错。

⑬道：道义。

⑭从容优乐：态度从容不迫，表情和颜悦色。

⑮要：要点，重点。大中：最恰当之处。

⑯逢：逢迎，迎合。

⑰驰骤：放任，放纵。

⑱克：约束。

⑲直：只，只是。鴃（quē）鴃：耍小聪明的样子。

⑳史佚成之：史佚，周太史，也称尹佚。《史记·晋世家》说，桐叶封弟之事是史佚促成的。

译文

周武王死后，他的儿子姬诵继位，成了新的周天子，是为成王。当时，姬诵只有十三岁，还是一个年幼无知的孩子，根本不会治理天下，于是他的叔父周公姬旦便出来摄政，代他处理国家大事。

历史上有一个年幼的成王桐叶封弟的传说，颇有童趣，后世不少人信以为真，说当年确有其事。桐叶封弟的故事梗概是：某年秋天，年幼的成王与他的弟弟叔虞在一棵梧桐下玩耍，玩着玩着，弟弟忽然问哥哥："现在你已经是周天子了，将来拿什么封我呀？"这小天子连想也没想，就从地上捡起一片桐叶，用剪子把它剪成玉圭状，然后递给弟弟，并说："就把它封给你吧！"就像小孩子过家家，本来就是玩儿的，所以谁也没把这件事放在心上，转眼便忘得一干二净。可是，这件事很快传到了周公的耳朵里，他便急急忙忙赶到成王居住的宫里，向成王表示祝贺。祝贺什么？无非认为成王桐叶封弟之举符合礼法制度，祝贺他已经成了"有道明君"什么的。不料，小天子却给叔父来了个实话实说，声称："那是闹着玩儿哩！"而周公却正色道："你如今已经是我大周朝的天子了，常言道'天子无戏言'，你不能跟臣下开玩笑！"这弄得姬诵很尴尬，无奈，他便来了个借坡下驴，把一块叫"唐"的地方封给了弟弟。

对此，一千多年后的柳宗元发表了如下一通议论：

成王桐叶封弟这件事，根本不可信。周公是什么人？他是一位大圣人、大贤人，不可能做这种事。如果成王的弟弟应当封赏，身为摄政王的周公，一定会及时向成王建议，请他选一块地方封赏给他的弟弟，而不会借成王无意间开的一个玩笑，用表示祝贺的方式胁迫成王，促成此事。如果成王的弟弟本来就不应当封赏，周公却用这种手段把一个原本就不恰当的玩笑变成事实，将一方国土和那里的百姓交给一个年幼的孩子，使他成为一个国主，那么周公还能算个圣人吗？再说，如果确有其事，周公那样说，也只是认为天子不能随便乱说罢了，怎么能非要把他随便说的话变成事实不可呢？假若十分不幸，天子拿着这片桐叶跟后宫的妃子或宦官开个玩笑，难道也要照他的戏言去做，把那个地方封给妃子或赏给宦官，让女人或阉人去当国主吗？

我认为，判断君王的德行圣明与否，只能看他的施政效果如何。假若施政有不当之处，就应当改弦更张，进行变革；这样的变革，不要说进行一次，就是进行十次八次也不为过。为政的要义或原则是政令要正确而得当，不能随便改动，至于拿政令当玩笑，那就更要不得。如果天子开个玩笑，周公就拿过来当令箭，一定要去执行，那就是教唆天子由着自己的性子干坏事。

我猜想，当年周公辅佐成王，无论做什么，总是先给他讲清道理，然后再从容不迫，和颜悦色地加以引导，使他的所作所为都符合礼乐制度，决不会以花言巧语迎合成王的过失；更不会像驱使牛马那样，套上车，赶着跑，因为一旦操之过急，往往会坏事。再说，在一个家庭里，父子之间也不能这样做，又何况成王与周公之间是君臣关系呢！那种事情，只有惯于要小聪明的庸人才会做得出来，周公是绝对不会那样做的。有鉴于此，所以我根本不相信。

太史公司马迁在他的《史记·晋世家》中说，促成桐叶封弟之事的，不是周公，而是周太史尹佚。他如此记载，有一个预设，那就是桐叶封弟确有其事。看来，伟大如太史公，也会凭一分证据，说十分话，信讹又传讹。

种树郭橐驼传①

柳宗元

原文

郭橐驼，不知始何名，病偻②，隆然伏行，有类橐驼者③，故乡人号之“驼”④。驼闻之，曰：“甚善，名我固当。”因舍其名，亦自谓“橐驼”云。

其乡曰丰乐乡，在长安西。驼业种树⑤，凡长安豪家富人为观游及卖果者，皆争迎取养⑥。视驼所种树，或迁徙，无不活，且硕茂，蚤实以蕃⑦。他植者虽窥伺效慕⑧，莫能如也。

有问之，对曰：“橐驼非能使木寿且孳也⑨，能顺木之天⑩以致其性焉尔⑪。凡植木之性，其本欲舒⑫，其培欲平，其土欲故，其筑欲密⑬。既然已⑭，勿动勿虑，去不复顾。其莳也若子⑮，其置也若弃，则其天者全而其性得矣。故吾不害其长而已，非有能硕茂之也；不抑耗其实而已⑯，非有能蚤而蕃之也。他植者则不然，根拳而土易⑰，其培之也，若不过焉则不及。苟有能反是者⑱，则又爱之太殷，忧之太勤，旦视而暮抚，已去而复顾。甚者爪其肤以验其生枯⑲，摇其本以观其疏密，而木之性日以离矣。虽曰爱之，其实害之；虽曰忧之，其实仇之：故不我若也。吾又何能为哉！”

问者曰：“以子之道，移之官理⑳，可乎？”驼曰：“我知种树而已，官理非吾业也。然吾居乡，见长人者好烦其令㉑，若甚怜焉，而卒以祸㉒。旦暮吏来而呼曰：‘官命促尔耕，勖尔植㉓，督尔获，蚤缫而绪㉔，蚤织而缕㉕，字而幼孩㉖，遂而鸡豚㉗。’鸣鼓而聚之，击木而召之㉘。吾小人辍飧饔以劳吏者㉙，且不得暇，又何以蕃吾生而安吾性耶？故病且怠。若是，则与吾业者其亦有类乎？”

问者嘻曰：“不亦善夫！吾问养树，得养人术。”传其事以为官戒也㉚。

注释

①种树郭橐（tuó）驼传：这是一篇政治性寓言。文章借郭橐驼之口，由

种树的经验引申出做官的道理，抨击了那些脱离百姓实际需要，甚至违背民众意愿，发号施令，名为爱民，实则扰民害民的官吏。文笔简练生动，寥寥几笔，就描绘出了主人公的状貌和神态，说明了要阐发的道理。需要指出的是，这类讲个故事，说一个道理的寓言，从思维方法论角度看，似乎太直白，也太肤浅，缺乏哲学深度。橐驼，即骆驼。

②偻（lóu）：即驼背，脊背弯曲。

③类：类似，相似。

④号：动词，取号。

⑤业：动词，以……为业。

⑥争迎取养：争着迎请供养。

⑦蚤：通“早”。实：动词，结出果实。蕃：多。

⑧效慕：效仿，学习。

⑨寿：动词，活得时间长久。孳（zī）：繁殖。

⑩顺：顺应，按照。天：天性，即生长规律。

⑪致其性：使它按照它的天性生长。

⑫本：这里指树根。舒：舒展。

⑬筑：筑土，即在树的根部填土。

⑭已：结束，完毕。

⑮莳（shì）：移栽花木。子：子女。

⑯抑耗：抑制与损伤。

⑰拳：弯曲，卷曲。易：改换。

⑱苟：假若，如果。反是：与以上这种做法相反。是，这。

⑲爪：动词，指用指甲抠。肤：这里指树皮。

⑳官理：做官治民。理，治。唐人避高宗李治之讳，把“治”写作“理”。

㉑长（zhǎng）人：为人官长，管理民众。长人者，即当官的。烦其令：不厌其烦地发布政令。

㉒卒：最终。祸：祸害，危害。

㉓勖（xù）：勉励。

㉔缫（sāo）：煮茧抽丝。而：通“尔”，你，你们。绪：丝。

㉕缕：纱。织缕，就是织布。

㉖字：养育，抚养。“字”的本义为以乳育儿。

㉗遂：成长，即喂养好，使之成长。豚：小猪。

㉘击木：敲木梆。木，木梆。

㉙小人：小民，小百姓。辍：停止，停下。飧饔（sūn yōng）：饭食。飧，晚饭。饔，早饭。劳：慰劳，招待。

㉚传（zhuàn）：动词，记载，记下。

译文

郭橐驼这个人，谁也不知道他叫什么名，由于身患罗锅病，脊背隆起，弯着腰走路，样子很像骆驼，所以家乡人给他取了个外号，叫“驼”。他听说之后不但不生气，还高兴地说：“很好，这个名字用到我身上倒是再恰当不过了。”于是他就舍弃了自己的本名，也自称橐驼。

他的家乡叫丰乐乡，在京城长安的西边。橐驼一生以种树为业。由于种树本领出众，所以长安那些有权有势和家产富有打算修建供游览观赏的花园的人家，以及水果商人，都争着邀请他去种树栽花，有的还把他请到家里供养起来。凡是橐驼所种的树、所移的花都能活，而且长得高大茂盛，果子结得又早又多。他的同行中有些人曾暗中观察，模仿他的栽种方法，可是谁也赶不上他。

有人问他有什么秘诀，他说：“我并没有什么特殊的本领让树木花草寿命长久，长得茂盛，我只不过是按照树木花草生长的自然规律让它们由着自己的习性生长罢了。种树栽花的一般规律和方法是栽种的时候，根要舒展，土要填满，保留一些老娘土（原土），最后再把周围的土夯实。这几道程序结束之后，就不要再去动它，不要再为它担心，离开之后也不必再回来照管它。栽种的时候要像抚育亲生儿女那样尽心，栽种好以后要像丢弃废物那样放心，这样那些树木花草就能保全自己的天性，并按照自己的天性生长了。所以我把我的经验总结出来，应该这样说：我只是不去妨害树木花草生长罢了，并没有什么能使它们长得高大茂盛的特殊本领；我只是不去抑制、损伤它们的果实罢了，并没有什么能使它们早结果的秘诀。而我的有些同行干起活来，就不是这样了。他们种树栽花，根都卷曲着，土都换成新的，而培土不是太多就是太少。有人虽然不是这样，却又过于爱惜，过于担心，早上来看看，晚上来摸摸，刚刚离开一会儿，马上又转身回来照看；更有甚者，还要抠开树皮看它们是死是活，摇一摇看土填得实不实，时间一长，树木花草的天性便完全丧失了。这样做，表面上看是爱护它们，其实恰恰相反，是伤害它们。正是由于这些原因，他们才不如我。明白了吧？我哪里有什么特殊本领啊！”

那人又问道：“把你种树栽花的经验移到官场，用来治理百姓，行吗？”

橐驼说：“我只会种树栽花，为官治民之事我没有干过，一窍不通。不过我住在乡间，对官府的情况也多少知道一点。衙门里那些当官的，都喜欢不停地张贴告示，发布指示，看上去好像很爱护百姓，结果恰恰是祸害百姓。天天派差吏到村子里呼喊，今天说老爷命令我来督促你们耕地，劝勉你们播种，催促你们收割；明天说要早点煮茧抽丝，快点纺纱织布，好好抚养你们的孩子，把家里的鸡鸭猪羊养得又肥又壮。要不就是击鼓敲梆，把乡民召集起来，命令乡民干这干那。有时候为了招待衙门派来的差吏，弄得我们这些小民连饭都顾不上吃，又怎么生儿育女，安心种地？老百姓被折腾得疲惫不堪，整天懒懒散散，不想干活。这不跟我的某些同行的所作所为有一拼吗？”

问者听罢，笑了笑，感叹说：“你说得很好啊！我本来只是向你请教怎样种树栽花，没想到却从你这里学到了为官治民的道理。”于是我便将这件事记录下来，作为当官者的鉴戒。

钴鉧潭西小丘记①

柳宗元

原文

得西山后八日②，寻山口西北道二百步，又得钴鉧潭。潭西二十五步，当湍而浚者为鱼梁③。梁之上有丘焉，生竹树。其石之突怒偃蹇④，负土而出⑤，争为奇状者，殆不可数。其嵚然相累而下者⑥，若牛马之饮于溪；其冲然角列而上者⑦，若熊罴之登于山⑧。

丘之小不能一亩，可以笼而有之⑨。问其主，曰："唐氏之弃地，货而不售⑩。"问其价，曰："止四百⑪。"余怜而售之。李深源、元克己时同游，皆大喜，出自意外。即更取器用⑫，铲刈秽草⑬，伐去恶木⑭，烈火而焚之。嘉木立，美竹露，奇石显。由其中以望，则山之高，云之浮，溪之流，鸟兽之遨游，举熙熙然回巧献技⑮，以效兹丘之下⑯。枕席而卧，则清泠之状与目谋⑰，潆潆之声与耳谋⑱，悠然而虚者与神谋，渊然而静者与心谋。不匝旬而得异地者二⑲，虽古好事之士，或未能至焉。

噫！以兹丘之胜，致之沣、镐、鄠、杜⑳，则贵游之士争买者，日增千金而愈不可得。今弃是州也，农夫渔父过而陋之㉑，贾四百，连岁不能售。而我与深源、克己独喜得之。是其果有遭乎㉒？书于石，所以贺兹丘之遭也。

注释

①钴鉧（gǔ mǔ）潭西小丘记：由于在政治斗争中失败，作者被贬为永州司马，一去就是十年。政治上的失意令他精神抑郁忧愤，只得寄情山水，潜心写作，以排遣胸中烦闷。在这里，作者写了一系列山水游记，其中最著名者，为历代传诵不衰的"永州八记"，本文和后面的《小石城山记》，便是"永州八记"中的两记。本文生动地描绘了山石的奇异状貌和小丘的美丽景色，并以托物言志的手法表达了作者渴望被朝廷重新起用，以施展自己政治

抱负的心情。钴鉧，即熨斗。由于小潭形似熨斗，故称为钴鉧。

②西山：永州城西边的一座小山。

③湍（tuān）而浚（jùn）：水流急而深。鱼梁：用来阻挡水流的堰。堰中间留有空洞，鱼可以从这里穿游，放置捕鱼器具又可以捕鱼。

④突怒：突然拔地而起的样子。偃蹇（yǎn jiǎn）：高耸的样子。

⑤负土而出：从地里露出来。

⑥嵚（qīn）然：高耸的样子。累：叠。

⑦冲然：突起前伸的样子。角列：像兽角一样排列。

⑧熊罴（pí）：即熊。罴，熊的一种，会爬树，善游泳。

⑨笼：这里是全部的意思。

⑩货而不售：想卖但是卖不出去。售，双向动词，有时作卖讲，有时作买讲。下文"余怜而售之"中的售，是买的意思。

⑪四百：指四百个铜钱。

⑫更：又。

⑬刈（yì）：割。秽草：荒草。

⑭恶木：杂树。

⑮举：全，都。熙熙然：和乐的样子。回：展示。

⑯效：呈现。

⑰清泠（líng）：清澈明净。谋：相接触。

⑱滢（yíng）滢：水流回旋时发出的声音。

⑲匝：这里是满的意思。旬：十天为一旬。

⑳致：这里是放置或挪移的意思。沣（fēng）、镐（hào）、鄠（hù）、杜：均为地名。这四个地方，都在都城长安附近，是当时的权门富户聚居之地。

㉑陋之：以之为陋。陋，粗卑，不雅致。

㉒遭：遭际，遭遇。

译文

观赏西山美景之后的第八天，我和好友李深源、元克己沿着山口西北的山路往前走，走了二百来步，又发现了一个小水潭，名叫钴鉧潭。潭西约二十五步，有一条小溪，溪中水流又急又深之处，垒了一道鱼梁。鱼梁旁边的岸上有一座小丘，上面长满了翠竹和绿树。小丘拔地而起，高高地耸立着，上面的石头都奇形怪状，并且多得数不胜数。有些石头相互重叠，向下突出，像牛马在溪边饮水；有些石头则突起向上，跟兽角似的排列着，像一群大熊在登山。

丘很小，大小还不到一亩，可以整个买下来。我们向丘上的人打听它的主人是谁，有人回答说："是一个姓唐的人家抛弃的，因为想卖而卖不出去。"问价钱，那人说只要四百文钱。我很喜欢这个小丘，就把它买了下来。我和好友李深源、元克己都很高兴，因为觉得有些出乎意料。于是我们马上拿来铲子和锯子，铲除上面的荒草，伐掉上面的杂树，然后点起大火，将它们烧掉。经过这么一番收拾、治理，小丘上便绿树挺立，翠竹露影，奇石现形，景致美丽极了。从小丘上向远处眺望，那高耸的山峦，飘浮的白云，流淌的溪水，翱翔的飞鸟，游走的野兽，都高高兴兴地展示各自的姿容与本领，在小丘上下尽情表演。我和好友铺席摆枕，躺在小丘上，那清澈明净的溪流映入我的眼帘，那淙淙的水声回响在我的耳畔，那悠远而空灵的境界与我的心灵融洽为一，那深沉而宁静的气氛与我的心性相通，此情此景，着实令人陶醉。不出十天就发现并观赏了两处奇景，即使是古代那些酷好游山玩水的人，恐怕也得不到这样的机会。

啊，小丘的景致真是太美了！如果把小丘的美景移到长安郊区一些地方，那些喜欢游山玩水的人一定会争着购买，售价可能会日涨千金，很难得到。可是，小丘如今被弃置于这荒凉偏僻的永州，农夫渔民从这里路过，都嫌它粗陋无用，出价仅区区四百文，还多年卖不出去。而我和我的好友偏偏喜欢它，这大概是有某种缘分吧！我将得丘经过书写在石上，用来庆贺与小丘的遇合。

小石城山记[1]

柳宗元

原文

自西山道口径北[2]，逾黄茅岭而下，有二道：其一西出，寻之无所得；其一少北而东，不过四十丈，土断而川分，有积石横当其垠[3]。其上为睥睨梁欐之形[4]，其旁出堡坞[5]，有若门焉，窥之正黑，投以小石，洞然有水声，其响之激越，良久乃已[6]，环之可上，望甚远。无土壤而生嘉树美箭[7]，益奇而坚，其疏数偃仰[8]，类智者所施设也。

噫！吾疑造物者之有无久矣[9]。及是，愈以为诚有。又怪其不为之于中州[10]，而列是夷狄[11]，更千百年不得一售其伎[12]，是固劳而无用。神者傥不宜如是，则其果无乎？或曰："以慰夫贤而辱于此者。"或曰："其气之灵，不为伟人，而独为是物，故楚之南少人而多石[13]。"是二者，余未信之。

注释

①小石城山记：本文是"永州八记"的最后一记。小石城山是永州城西北的一座小山。文章以简练而准确的笔墨描绘了小石城山优美而奇异的景色，并借景抒情，含蓄地表达了作者被贬偏远之地，不能施展自己的才能与抱负的愤懑之情。

②径北：一直向北走。径，径直，一直。北，这里用作动词，向北走。

③当：挡。垠：边际，尽头。

④睥睨（pì nì）：通"埤堄"，城墙上有孔的矮墙。梁欐（lì）：栋梁。以上两个词是形容这里的地势的。

⑤堡坞：小城堡。

⑥良久：很久。良，程度副词，很。已：结束，停止。

⑦嘉：美好。箭：箭竹，一种丛生而低矮的竹子。

⑧疏数（cù）：疏密。数，稠密。偃仰：俯仰。偃，低伏；仰，挺立。

⑨造物者：创造、主宰万物的神灵。

⑩中州：中原地区，即今陕西、山西、河南、河北一带。

⑪是：这。夷狄：古代汉族对少数民族的蔑称。这里指少数民族聚居的边远地区。

⑫更：经历，经过。售：这里是展示、显示的意思。伎：通“技”，才能，本领；这里指美丽景色。

⑬楚：如今的湖南、湖北一带春秋战国时属楚国，故后世称这里为楚地。人：人才。

译文

有一天，我从西山路口一直向北走，翻过黄茅岭下山，面前有两条路可走。一条向西，我一路走过去，沿途没有发现什么美丽的景致。从这条路折回来，我又上了另一条路。沿着此路往北走了不远，又转向东边，在不到四十丈的地方，有一条江，江水把路给冲断了，在路的尽头横着很多大石头。那些石头，形状各异，很是壮观，有的像城头的垛墙，有的像房屋的栋梁，边上耸立的一块石头则宛如一座天然城堡，上面还有一个像门一样的洞口。我往洞里看了看，里面黑洞洞的，什么也看不见；从地上捡了一块小石子投进去，只听见从很深很深的地方传出一阵咕咚咕咚的响声，那响声十分洪亮，而且响了好大一会儿。我绕来绕去登上石顶，放眼一望，看得很远很远，视野非常开阔。上面并没有土，却长着很多好看的小树和箭竹，显得格外奇异而坚挺，这些树和竹，生得疏密有致，俯仰得体，好像技艺高超的工匠精心设计布置的一样。

啊，触景生情，令我感慨万端。很久以来，我一直有一个疑惑：在茫茫的宇宙之中，究竟有没有创造万物的神灵呢？到了这里，我不怀疑了，相信确实有创造万物的神灵。然而转念一想，我又感到奇怪：神灵不在中原大地设计布置这些美丽奇异的景致，却把它们放在这偏远的蛮荒之地，使它们在这里历经千百年漫长的时光却无法向更多的人展现自己美丽而奇异的姿容，实在有点儿劳而无功。如果神灵不做这种劳而无功的事情，可是这种劳而无功的事情却发生了，难道根本就不存在什么创造万物的神灵吗？可能有人会说，这些美景是神灵用来安慰那些德行高尚却在这里承受屈辱的人的。可能又有人会说，这里的山川灵气不足滋养、哺育伟大的人，只能造就这些美丽奇异的景色，所以楚地的南部才会伟人少而奇石多。这两种说法，我都不相信。

贺进士王参元失火书[1]

柳宗元

原文

得杨八书[2]，知足下遇火灾[3]，家无余储。仆始闻而骇，中而疑，终乃大喜，盖将吊而更以贺也[4]。道远言略，犹未能究知其状。若果荡焉泯焉而悉无有[5]，乃吾所以尤贺者也。

足下勤奉养，乐朝夕，惟恬安无事是望也[6]。今乃有焚炀赫烈之虞[7]，以震骇左右，而脂膏滫瀡之具[8]，或以不给[9]，吾是以始而骇也。

凡人之言皆曰：盈虚倚伏[10]，去来之不可常。或将大有为也，乃始厄困震悸[11]，于是有水火之孽[12]，有群小之愠[13]，劳苦变动，而后能光明，古之人皆然，斯道辽阔诞漫[14]，虽圣人不能以是必信，是故中而疑也。

以足下读古人书，为文章，善小学[15]，其为多能若是。而进不能出群士之上，以取显贵者，盖无他焉。京城人多言足下家有积货；士之好廉名者，皆畏忌不敢道足下之善，独自得之，心蓄之，衔忍而不出诸口[16]，以公道之难明，而世之多嫌也。一出口，则嗤嗤者以为得重赂。

仆自贞元十五年见足下之文章[17]，蓄之者盖六七年未尝言，是仆私一身而负公道久矣，非特负足下也[18]。及为御史尚书郎，自以幸为天子近臣，得奋其舌[19]，思以发明足下之郁塞[20]，然时称道于行列[21]，犹有顾视而窃笑者[22]。仆良恨修己之不亮[23]，素誉之不立[24]，而为世嫌之所加，常与孟几道言而痛之[25]。

乃今幸为天火之所涤荡[26]，凡众之疑虑，举为灰埃[27]。黔其庐[28]，赭其垣[29]，以示其无有：而足下之才能，乃可以显白而不污。其实出矣，是祝融、回禄之相吾子也[30]。则仆与几道十年之相知，不若兹火一夕之为足下誉也。宥而彰之[31]，使夫蓄于心者，咸得开喙[32]，发策决科者[33]，授予而不栗[34]。虽欲如向之蓄缩受侮[35]，其可得乎？于兹吾有望于子[36]！是以乃大喜也。

古者列国有灾，同位者皆相吊；许不吊灾，君之恶之[37]。今吾之所陈若是[38]，有以异乎古，故将吊而更以贺也。颜、曾之养[39]，其为乐也大矣，又何阙焉[40]！

注释

①贺进士王参元失火书：这是柳宗元致好友王参元的一封信。朋友家里遭了火灾，家当被烧得一干二净，依人情与事理，柳宗元应该去信慰问，表示同情与关怀，可是他却反常道而行之，去信道贺。这可不是故作惊人之举，更不是刻意作秀，而是别有原因。本文严厉抨击了世俗“笑人无，妒人有”的陋习和官场造谣生事、嫉贤妒能的恶浊风气，识见深刻，说理透彻。王参元，濮阳人，唐宪宗元和二年（807）进士，家境富有，是柳宗元的好朋友。

②杨八：柳宗元的朋友，名敬之，因排行第八，故称。

③足下：古人对朋友的敬称。下文“仆”是古时男子对自己的谦称。

④吊：慰问。多用于凶丧场合。更：更改，变更。

⑤荡焉：一无所有。泯焉：一干二净。悉：全，都。

⑥恬安无事是望：恬安，内心淡泊宁静，生活舒适安逸。望，希望。“恬安无事”是“望”的宾语，意为希望恬安无事，为了突出、强调宾语，用“是”把它置于谓语前边。

⑦乃：却，竟然。焚炀（yáng）：焚烧。赫烈：火势猛烈的样子。虞：忧虑；这里是不幸的意思。

⑧脂膏：油脂，即做饭用的油。滫瀡（xiǔ suǐ）：淀粉一类做饭炒菜用的作料。

⑨不给（jǐ）：供不上，缺乏。

⑩盈虚倚伏：富与贫相互依存。盈，与虚相对，这里是富有的意思。虚，这里是贫穷的意思。倚伏，相互依存。

⑪厄困：艰难困苦。震悸：担惊受怕。悸，惊悸，恐惧。

⑫孽（niè）：灾祸。

⑬愠（yùn）：怒；这里是忌恨的意思。

⑭斯道辽阔诞漫：这里面的道理太深奥、太玄秘。斯，这。

⑮小学：古代文字、音韵、训诂之学的统称，这是古人识字读书的基本功。

⑯衔忍：藏在心里，隐忍不发。诸：“之于”的合音。

⑰贞元：唐德宗的年号。

⑱特：只，仅。

⑲奋其舌：发表自己的意见。

⑳发明：向有关人士说明。郁塞：这里指被埋没的才能。

㉑行列：同僚。

㉒顾视：看看这个人，看看那个人，彼此使个眼色，表示不以为然。

㉓良恨：痛恨。亮：高，高尚。

㉔素誉：美好的声誉。

㉕孟几道：名简，字几道，柳宗元的好友。

㉖涤荡：扫荡干净。

㉗举：全，都。

㉘黔：黑色。庐：房舍。

㉙赭（zhě）：红褐色。垣：院墙。

㉚祝融、回禄：都是民间传说中的火神爷。

㉛宥（yòu）：宽恕，原谅。

㉜开喙（huì）：开口说话。喙，鸟兽的嘴，也借指人的嘴。

㉝发策决科者：主持科举考试的官员。策，策问，唐代科举考试科目之一。科，科举取士。

㉞栗：战栗；这里指担惊受怕。

㉟向：从前，过去。

㊱望：期望。

㊲“古者”四句：据《左传·昭公十八年》记载，春秋列国中的宋、卫、陈、郑等国，这一年都遭了火灾，没有遭火灾的多数诸侯国都去慰问，表示同情，只有许国没有任何表示，这引起各国不满，当时就有人据此断言，许国必将灭亡。

㊳陈：陈述，述说。

㊴颜、曾：春秋时人颜回与曾参，二人都是孔子的学生。他们家境都很清寒，却能安贫乐道，注意自身的品德修养，后颜回以德行高洁著称，曾参以恪尽孝道闻名。

㊵阙：通“缺”。

译文

日前收到杨八一封来信，知道您遭了火灾，家里被烧得一干二净。我听到这个消息之后，先是大吃一惊，转而感到十分疑惑，后来却非常高兴，因此就把原先写信向您表示慰问的念头打消了，改为向您致以热烈的祝贺。由于路途遥远，我所了解的情况过于简略，因此现在还不知道灾情究竟严重到什么程度。如果家产确实荡然无存，您现在已经一无所有，那我就更要向您表示祝贺了。

您在家悉心奉养父母，朝夕享受天伦之乐，只求宁静闲适，平平安安过日子。可是，如今遭遇严重火灾，使您和您的家人都受到惊吓，弄得连吃饭睡觉都成了难事，因此刚听到这个消息的时候，我十分吃惊。

平常人们都说，盈与虚——譬如月圆与月亏，譬如家道富与贫等事，是相互依存，不断变化的，来来去去，去去来来，没有一定之规。有的人在他将有大举动、大作为的时候，起初往往会经受一番艰难困苦，于是便会遭遇水火之灾，受到某些小人的妒忌诽谤，而后才会有光辉灿烂的前途，从古到今，可能都是这样。只是这里面的道理太深奥，也太玄秘，纵然是圣人，也难以断定这种说法究竟可信不可信，我自然也说不出个所以然来，因此，在吃惊之后，我又对您此番遭遇火灾感到有点困惑：您不是该有大作为了吧？

您潜心读古人的书，善于写文章，精通文字、音韵、训诂之学，其他方面的所作所为，也大都如此出色。可是在仕途上，您却不能超出那些平庸无能的士子，取得显耀而尊贵的地位，并没有什么能摆到桌面上的原因。可是，这又究竟是为什么呢？京城里的很多人——自然多是官员，都说您家里非常富有，既羡慕您，又嫉妒您；而官员中那些贪图廉洁之名的人，也有这样那样的顾忌，不敢向上峰报告您的优点与长处，只能自己明白，憋在心里，不说出来，因为世上公道难以伸张，人与人之间相互嫉妒，彼此猜疑太多啊。如果有谁不识相，敢站出来为您说句公道话，马上就有人鄙夷不屑地嗤嗤冷笑，说他受了您的重金贿赂。

自从贞元十五年拜读了您的文章以后，我对您的文品和人品都很敬佩，但是我把自己的想法藏在心里六七年，一直没有发表意见，没向上峰举荐您。我在这样长的时间里为了我的一己之私而保持沉默，不仅对不起您，而且严重违背公正之道。等到我做了监察御史和礼部员外郎，认为自己有幸成了天子近臣，有说话的机会了，便想向上峰申明您受压抑、遭排挤的境况，希望您的处境能够有所改善。然而，当我时不时在同僚中称赞您的时候，仍有人不以为然，他们相互使使眼色，转脸偷偷发笑。因此，我常常痛恨自己品德修养还不够高，名望声誉还不够大，因而遭到世人的猜忌与排挤。这一点，我常向好友孟几道诉说，我们都为此而深感痛心。

现在好了，您有幸被天火烧尽家产，人们对您的猜忌疑虑，全都化成了烟尘，已不复存在。房舍烧成黑色，院墙烧成红色，清楚明白地向世人表明：如今您已经一无所有了。而您的才能，却可以显露出来，不再遭受玷污了。您的真才实学可以因火灾而显露出来，这是火神爷在帮助我的好友啊。现在想来，我和孟几道与您相交相识长达十年之久，对您的帮助还不如这场大火，因为它一夜之间便成就了您的美名和令誉。由于您如今一贫如洗，先前那些嫉妒猜疑您的人不但会原谅您，还会称赞您的才德；并能使那些内心早就想荐举您的人，都开口说话；而那些主持科考的高官，授予您官职的时候，也不必再顾忌这顾忌那了。如今，您即使想像从前那样委屈受辱，也办不到了啊！世人就是这样势利，有什么办法？在此，我对您寄予很大的希望，但愿您大有作为！我后来为您遭遇火灾而大喜，原因就在这里。

在古代，哪一个诸侯国有灾祸，其他诸侯国都来慰问。有一次许国不慰问宋、卫、陈、郑的灾祸，君子都憎恶之。现在，我说明的事理是这样的，和古代的有不同，那就是本来准备慰问您，却变得要向您道喜。颜渊和曾参供养父母，使父母感到愉快的方面远远超过一般人，物质上的一点欠缺又有什么值得不满意的呢！

黄冈竹楼记①

王禹偁

原文

黄冈之地多竹，大者如椽②，竹工破之，刳去其节③，用代陶瓦。比屋皆然，以其价廉而工省也。

子城西北隅④，雉堞圮毁⑤，蓁莽荒秽⑥，因作小楼二间，与月波楼通⑦。远吞山光，平挹江濑⑧，幽阒辽敻⑨，不可具状⑩。夏宜急雨，有瀑布声；冬宜密雪，有碎玉声。宜鼓琴，琴调和畅；宜咏诗，诗韵清绝；宜围棋，子声丁丁然⑪；宜投壶⑫，矢声铮铮然：皆竹楼之所助也。

公退之暇，被鹤氅衣⑬，戴华阳巾⑭，手执《周易》一卷⑮，焚香默坐，消遣世虑。江山之外，第见风帆沙鸟⑯、烟云竹树而已；待其酒力醒，茶烟歇，送夕阳，迎素月，亦谪居之胜概也⑰。

彼齐云、落星⑱，高则高矣；井干、丽谯⑲，华则华矣。止于贮妓女，藏歌舞，非骚人之事，吾所不取。

吾闻竹工云："竹之为瓦，仅十稔⑳，若重覆之㉑，得二十稔。"噫！吾以至道乙未岁㉒，自翰林出滁上；丙申移广陵㉓，丁酉又入西掖㉔，戊戌岁除日，有齐安之命㉕，己亥闰三月到郡。四年之间，奔走不暇，未知明年又在何处，岂惧竹楼之易朽乎！后之人与我同志，嗣而葺之㉖，庶斯楼之不朽也㉗。

注释

①黄冈竹楼记：本文是作者王禹偁（chēng）被贬为黄州刺史后，在任内所作。文章描写了竹楼及其周围的景物，抒发了作者遭受贬谪的郁闷心情，恬淡闲适的情调之中隐隐流露出一股不平之气，文笔轻灵而潇洒，意境幽雅而清隽，读来耐人寻味。

②椽（chuán）：即椽子，房屋顶部放在檩条上供放置瓦片之用的木条。

③刳（kū）：挖去。

④子城：附属于主城，修筑在城门之外的套城，又叫瓮城、月城。

⑤雉堞（dié）：城上的矮墙，又称女墙。圮（pǐ）毁：倒塌。

⑥蓁（zhēn）莽：蓁，又作“榛”，丛生的杂树；莽，深密的荒草。荒秽：荒凉而肮脏。

⑦月波楼：黄冈城上两北角的一座城楼。

⑧挹（yì）：汲取，舀。濑（lài）：沙滩上的流水。

⑨幽阒（qù）：清幽而寂静。阒，静。辽夐（xiòng）：辽阔而遥远。夐，远。

⑩具：通“俱”，完全。状：这里用作动词，描绘。

⑪丁（zhēng）丁：象声词，形容棋子相碰发出的声响。

⑫投壶：古代宴饮时玩的一种游戏，方法是向长颈壶中投箭（矢），以投中的多少论胜负。壶，高颈圆腹，以木或金属制成。

⑬被：通“披”。鹤氅（chǎng）衣：羽毛制作的外衣。这是当时道士、隐士的服饰。

⑭华阳巾：当时道士戴的一种头巾。

⑮《周易》：即《易经》，儒家经典“五经”中的一种，是一部占卜书，其传（zhuàn）文部分含有丰富的哲学思想。

⑯第：只，仅。

⑰谪：贬谪，即贬官降职，不再重用。胜概：佳境。

⑱齐云：古楼名，原名月华楼，在吴县（故地在今江苏苏州境内），为唐代曹恭王所建。落星：古楼名，在建业（故地在今江苏南京境内）落星山，为三国时东吴孙权所建。

⑲井幹（hán）：古楼名，在长安，为汉代武帝刘彻所建，高五十余丈。丽谯（qiáo）：古楼名，为三国时曹操所建。

⑳稔（rěn）：年。谷熟叫稔，古代农作物一年一熟，所以一年叫一稔。

㉑重覆：铺两层。

㉒至道乙未：至道，宋太宗年号。乙未，至道元年的干支纪年。这一年，王禹偁因言获罪，由翰林学士贬为滁州（故地在今安徽滁州境内）刺史，即下文“自翰林出滁上”。出，贬出京城。

㉓丙申：至道二年（996）的干支纪年。广陵：即扬州。

㉔丁酉又入西掖：丁酉，至道三年的干支纪年。这一年，作者被调回京城，任知制诰——为皇帝起草诏书的官员。西掖，即中书省。中书省是当时的国家中央机构，因在皇宫西侧，故称西掖，又称右曹。

㉕戊戌岁除日，有齐安之命：戊戌，宋真宗咸平元年（998）的干支纪年。除日，即除夕，大年三十。齐安，即黄州。南齐时，黄州名齐安。这一年，作者又因言获罪，被贬至黄州。下文的“已亥”，是咸平二年的干支纪年。这一年，王氏到任，所以下文有“己亥闰三月，到郡”之句。

㉖嗣：继续。葺（qì）：修缮，修理。

㉗庶：庶几，或许，也许。

译文

黄州这个地方盛产竹子，大的长得跟椽子一样粗。竹匠把大竹子破开，挖去竹节里面那层厚膜，用竹子代替瓦。这里家家户户的房子都这样，因为竹子便宜，做起来也省工。

瓮城的西北角，不少女墙都倒塌了，城上杂树丛生，荒草疯长，没有一块干净的地方。于是我就派人把这里收拾、清理了一下，用竹子修了两间小楼。离这儿不远处有一座月波楼，我新建的竹楼就与它相通。站在竹楼上，放眼远望，四周秀美的山色一览无余；低头俯视，沙滩上的清流则伸手可取。这一带的景致清幽而寂静，辽阔而遥远，其美丽怡人之状简直无法用言语一一描述。夏天下大雨的时候最怡人，因为雨水顺着竹管往下泄，会发出瀑布的轰鸣声；冬天下小雪的时候也最怡人，因为雪落在竹子上，会发出碎玉的叮当声。这里适宜弹琴，弹起来琴声和谐而流畅；适宜诵诗，诵起来韵味清雅悠扬；适于下棋，棋子落在棋盘上丁丁作响；适宜玩投壶游戏，箭落壶中铮铮有声：这种优雅的风情都是竹楼提供的啊！

处理完繁忙的公务，闲暇的时候，我身披鹤氅衣，头戴华阳巾，手拿一本《周易》，焚上一炉香，静静地坐在竹楼上，以排遣尘世的忧愁与烦恼。坐在这儿放眼远望，看到的景色，除了江流与山峦之外，只有江风中的白帆，沙洲上的水鸟，以及轻烟淡云，翠竹绿树而已；等到酒醒了，茶也品完了，便目送夕阳落山，迎来皎洁的明月：这是被贬出京城，居住在外地才能领略、享受的一种胜景啊！

那昔日的齐云楼、落星楼，固然高大；井幹楼、丽谯楼，固然华丽。只是它们只能用来蓄养艺妓，唱歌跳舞，这都不是风雅的文人骚客应做的事情，所以我不屑于赞美它们。

我听竹匠说，竹子做瓦，通常只能用十年；如果铺上两层，则能用二十年。唉！我在至道元年，由翰林学士贬为滁州刺史；第二年，调到扬州；第三年，又调到中书省任职；咸平元年除夕，再次遭贬，被任命为黄州刺史，咸平二年闰三月来到治所黄州。在短短的四年中，我四处奔走，一点儿空闲时间也没有，不知道明年我又会调到什么地方，所以一点儿也用不着担心竹楼朽不朽，毁不毁。希望继我之后前来此处任职，又与我志趣相同的人，能不断修缮这座竹楼，或许它就不会很快朽腐倒塌了。

义田记[1]

钱公辅

原文

范文正公[2]，苏人也，平生好施与，择其亲而贫、疏而贤者，咸施之[3]。方贵显时，置负郭常稔之田千亩[4]，号曰“义田”，以养济群族之人。日有食，岁有衣，嫁娶凶葬皆有赡[5]。择族之长而贤者主其计[6]，而时其出纳焉[7]。日食，人一升；岁衣，人一缣[8]。嫁女者五十千[9]，再嫁者三十千；娶妇者三十千，再娶者十五千；葬者如再嫁之数，葬幼者十千。族之聚者九十口，岁入给稻八百斛[10]，以其所入，给其所聚，沛然有余而无穷[11]。屏而家居俟代者与焉[12]，仕而居官者罢莫给。此其大较也[13]。

初，公之未贵显也，尝有志于是矣，而力未逮者二十年[14]。既而为西帅[15]，及参大政，于是始有禄赐之入[16]，而终其志[17]。公既殁[18]，后世子孙修其业[19]，承其志，如公之存也。公既位充禄厚[20]，而贫终其身。殁之日，身无以为敛[21]，子无以为丧。惟以施贫活族之义[22]，遗其子而已。

昔晏平仲敝车羸马[23]，桓子曰[24]：“是隐君之赐也[25]。”晏子曰：“自臣之贵，父之族，无不乘车者；母之族，无不足于衣食者；妻之族，无冻馁者[26]；齐国之士，待臣而举火者三百余人[27]。以此而为隐君之赐乎？彰君之赐乎[28]？”于是齐侯以晏子之觞[29]，而觞桓子。予尝爱晏子好仁，齐侯知贤，而桓子服义也。又爱晏子之仁有等级[30]，而言有次也。先父族，次母族，次妻族，而后及其疏远之贤。孟子曰：“亲亲而仁民[31]，仁民而爱物。”晏子为近之。今观文正公之义田，贤于平仲。其规模远举[32]，又疑过之。

呜呼！世之都三公位[33]，享万钟禄[34]，其邸第之雄[35]，车舆之饰，声色之多[36]，妻孥之富[37]，止乎一己而已，而族之人不得其门而入者，岂少也哉！况于施贤乎！其下为卿[38]，为大夫，为士，廪稍之充[39]、奉养之厚，止乎一己而已，而族之人，操壶瓢为沟中瘠者[40]，又岂少哉？况于他人乎！是皆公之罪人也。

公之忠义满朝廷，事业满边隅[41]，功名满天下，后必有史官书之者，予可无录也[42]。独高其义[43]，因以遗其世云[44]。

注释

①义田记：本文采用史传笔法记述范仲淹购置义田，周济族人的事迹，赞扬他身居高位，自奉节俭，以他人之忧为忧的崇高品格；批评当时某些地位显赫、家境富有的人只顾自己享受，不管别人死活的不良习气。文章采用对比手法，写得紧凑简洁，清新流畅，又富有情感。义，关乎公共利益的思想、精神。

②范文正公：即范仲淹。北宋吴县（故地在今江苏苏州境内）人，著名政治家、军事家、文学家，死后谥“文正”，世称范文正公。

③咸：全，都。

④负郭：靠近外城的地方，即近郊。郭，古代在城的外围加筑的城墙。稔（rěn）：庄稼成熟。

⑤赡（shàn）：供给，供养。

⑥主：掌管，管理。计：账目。

⑦时：按时。出纳：支出与收入。

⑧缣（jiān）：细绢。

⑨千：指铜钱之数。宋朝以一千文为一缗（mín），五十千就是五十缗。

⑩给（jǐ）：供给。斛（hú）：古代量具，十斗为一斛。

⑪沛然：丰富充足的样子。

⑫屏（bǐng）：屏弃，指丢官。俟（sì）代者：等待缺额补官的人。

⑬大较：大概，大致情况。

⑭逮：到，达到。

⑮西帅：西部边境军事统帅。宋仁宗庆历二年（1042），范仲淹被任命为陕西路安抚经略招讨使，主持宋朝西部防务，抵御西夏政权入侵。第二年，入朝出任参知政事——副宰相，参与朝廷中枢机务。下文“参大政”，指的就是此事。

⑯禄赐：朝廷的俸禄与皇帝的赏赐。

⑰终：实现，完成。

⑱殁（mò）：去世，死亡。

⑲修：经营，办理。

⑳充：高。厚：多。

㉑敛：通“殓”，入殓，即为死者穿好衣裳，将其遗体放入棺木。

㉒活：养活。

㉓晏平仲：即晏婴，平仲是其字，春秋时齐国正卿，对齐国保持强盛多有贡献。敝车羸（léi）马：破旧的车、瘦弱的马。敝，陈旧。羸，病，瘦弱。

㉔桓子：春秋时齐国贵族。

㉕隐：隐匿，掩盖。

㉖冻馁（něi）：受冻挨饿。

㉗举火：生火做饭；这里意为养活。

㉘彰：显扬。

㉙齐侯：指齐景公。觞（shāng）：酒杯。下文的“觞”用作动词，意为罚酒。

㉚等级：层次，次序。下文的“次”也是层次、次序的意思，可译为条理。

㉛亲亲：前者为动词，意思是爱；后者为名词，指自己的亲族。仁民：给民众以仁爱。

㉜规模：格局，气概。远举：长远打算。

㉝都：居，处于。三公：古代朝廷最高官职的统称。古代总揽朝政的宰相、掌管军队的太尉、主持监察的御史大夫合称三公，这里泛指高官。

㉞钟：古代量具，六斛四斗为一钟。

㉟邸（dǐ）第：住宅。

㊱声色：这里指家中蓄养的歌妓。声，音乐。色，美色。

㊲妻孥（nú）：妻妾与儿女。富：众多。

㊳其下：其次。

㊴廪（lǐn）稍：官府按时供应的粮食。廪，粮仓，也指粮食。稍，廪食，即粮食。充：充足，多。

㊵操壶瓢：拿着葫芦做的瓢，指乞讨。瘠（zì）：通“胔”，尸体。

㊶边隅：边陲，边疆。

㊷录：写。

㊸高：动词，以……为高，崇尚。

㊹因：于是。遗：留下。云：古汉语助词，用于句首、句中或句末，无义。

译文

范文正公是江苏苏州人，平生乐善好施，不但经常周济本家族中那些家境贫寒的人，还时不时帮助外姓人中那些品行贤良的穷苦人。当他位高权重，声名显赫的时候，在苏州城近郊购置旱涝保收的良田一千亩，取名“义田”，用来养活本家族中的穷人。由于有了这块义田，范氏家族的穷人不但平日有饭吃，有衣穿，而且遇到嫁女、娶妻、生病、丧葬这些事，都能得到资助。为了把这块义田经营好，范文正公从族人中挑选一位年纪长、辈分高并且品行贤良的人主管账目，统筹日常的收入与支出。这里的日常生活水平不算低：每天吃饭，平均一人一升大米；每年穿衣，平均一人一匹细绢。第一次嫁闺女的给钱五十千，第二次嫁闺女的给三十千；第一次娶媳妇的给三十千，第二次娶媳妇的给十五千。丧葬的救济费与第二次嫁闺女的钱数相同，小孩的丧葬费则是十千。来义田居住的族人总共九十口，缴租之后，义田每年的纯收入是稻子八百斛，用这些粮食养活九十口人，绰绰有余。那些原先做官而后来丢了官，在家里等待补缺的人，也供养起来；一旦再度出仕为官，则立即停止供给。这就是义田的大致情况。

当初，范公尚未位高权重、声名显赫的时候，就曾经立志做这件事情，但是在此后的二十年间，他一直没有力量实现这个志向。后来，范公做了西部边境的军事统帅，不久又回京参与朝政，有了朝廷俸禄和皇上赏赐等收入，终于实现了自己的夙愿。范公去世以后，他的后代子孙接着操持这项事业，继承他的遗志，把义田经营得跟他在世的时候一个样。范公在世的时候，位高权重，俸禄丰厚，却终生清贫；去世之后，家里竟没有钱为他买入殓的衣装，弄得儿子们无法给他举办一个像样的葬礼。他这一生，留给子孙的只有一样东西，那就是救济穷人、养活亲族的义举。

这令我想起了春秋时的齐国贤相晏平仲。当年，他贵为一国之相，出出进进，却一直乘破车、驾劣马。同僚桓子为此指责他说：“你这样做，是有意抹杀国君给你的赏赐呀！”晏子回答说：“自从我显贵之后，我父亲家族的人，都有车坐；我母亲家族的人，都有吃有穿；我妻子家族的人，没有受冻挨饿的；齐国的士子，我养活了三百多人。你说说，我这样做，究竟是抹杀国君给我的赏赐，还是张扬国君给我的赏赐？”听了晏子的话，齐国国君便用晏子的酒杯罚桓子饮酒，表示对晏子的称赞。这件事令我对当事的三个人都很景仰：景仰晏子的好行仁德，景仰齐君的理解贤臣，景仰桓子的知错服义。另外，我还景仰晏子施行仁德有亲有疏，说话有条有理。他先说父族，再说母族，后说妻族，最后才说关系疏远的贤良之士。孟子说过："施行仁德，要从爱自己的亲人开始，然后扩展到民众，再从爱民众扩展到爱世间万物。"晏子的所作所为，就接近孟子说的这种境界。现在用孟子的教诲来评价范公设置义田这件事，他比晏平仲还要贤良。而就做事的气概和谋划的长远看，范公的才干也超过了晏子。

可叹可气的是，当今之世某些位居三公，享受丰厚俸禄的人，家家宅第雄伟，车驾华丽，歌妓众多，妻儿富有，这一切，都只是为了满足自己的私欲而已，本族的亲人，他们一个也不关照；至于那些关系疏远的贤良之士，就更不用说了。而地位在他们之下的卿大夫们，几乎个个都是这样的人，本族的亲人哪怕是手持破瓢沿街乞讨，甚至冻死饿死，他们也不管；至于别的人，就更不用说了。这些人与范公相比，都是罪人啊！

范公的忠义朝廷人人皆知，业绩边陲人人皆称赞，功名天下人人景仰，后世一定会有史官把这些都记载下来，我就不必在这里叙述了。我只是特别推崇他的义举，于是把义田之事略加叙述，留给世人。

袁州州学记[①]

李 觏

原文

皇帝二十有三年[②]，制诏州县立学[③]。惟时守令有哲有愚[④]，有屈力殚虑[⑤]，祗顺德意[⑥]；有假官借师，苟具文书[⑦]。或连数城，亡诵弦声[⑧]。倡而不和，教尼不行[⑨]。

三十有二年，范阳祖君无择知袁州[⑩]。始至，进诸生，知学宫阙状[⑪]，大惧人材放失，儒效阔疏[⑫]，亡以称上意旨[⑬]。通判颍川陈君侁（shēn），闻而是之[⑭]，议以克合[⑮]。相旧夫子庙[⑯]，狭隘不足改为，乃营治之东北隅。厥土燥刚[⑰]，厥位面阳，厥材孔良[⑱]。瓦壁门庑[⑲]，黝垩丹漆[⑳]，举以法[㉑]。故生师有舍，庖廪有次。百尔器备，并手偕作。工善吏勤，晨夜展力，越明年成。

舍菜且有日[㉒]。盱江李觏谂于众曰[㉓]：惟四代之学[㉔]，考诸经可见已。秦以山西鏖六国[㉕]，欲帝万世，刘氏一呼而关门不守[㉖]，武夫健将卖降恐后。何耶?《诗》、《书》之道废，人惟见利而不闻义焉耳。孝武乘丰富[㉗]，世祖出戎行[㉘]，皆孳孳学术[㉙]。俗化之厚，延于灵、献[㉚]。草茅危言者[㉛]，折首而不悔[㉜]；功烈震主者，闻命而释兵。群雄相视，不敢去臣位[㉝]，尚数十年。教道之结人心如此。今代遭圣神，尔袁得圣君[㉞]，俾尔由庠序践古人之迹[㉟]。天下治，则谭礼乐以陶吾民[㊱]；一有不幸，尤当仗大节，为臣死忠，为子死孝。使人有所赖，且有所法[㊲]，是惟朝家教学之意。若其弄笔墨以徼利达而已，岂徒二三子之羞[㊳]，抑亦为国者之忧[㊴]。

注释

①袁州州学记：宋代袁州知州祖无择非常重视教育，于仁宗三十二年筹建州学，一年后，州学建成，请当时的著名学者李觏（gòu）写了这篇记。

文章记述了这位知州兴建学校的事迹，赞扬了他重视教育的崇高精神；并以史实为依据，说明教育的重要作用，勉励主事者为国家培养出品德高尚、具有真才实学的优秀人才。此文行文简洁明快，言语质朴平实，是一篇文质兼美的好文章。只是其中关于“为臣”、“为子”之道的说教——“为臣死忠，为子死孝”，早已过时，读的时候应予注意。

②皇帝二十有三年：宋仁宗庆历五年，也就是1045年。皇帝，指宋仁宗赵祯。有，通“又”，在数词中表示零数。

③制诏：皇帝下达诏令。制，皇帝的命令；这里用作动词，下命令。

④守令：郡的太守与县的县令。这里泛指地方官。哲：与“愚”相对，贤明。

⑤屈力殚虑：用尽气力，费尽心思。殚，尽，完。

⑥祇（zhī）：恭敬。

⑦苟：不严肃，不认真，随随便便。

⑧亡：通“无”。诵弦声：诵读诗文与弹奏弦乐的声音。

⑨尼：衰败，荒废。

⑩知袁州：出任袁州知州。“知”在这里用作动词。

⑪学宫：校舍。阙：通“缺”，残缺破败。

⑫儒效：儒学的效用。阔疏：衰落。

⑬亡：通“无”。称（chèn）：符合，适应。上：这里指皇帝。

⑭是：正确。这里用作动词，以……为是。

⑮克合：双方意见、观点一致。克，能。

⑯相：考察，察看。夫子庙：即孔庙，又称文庙。

⑰厥：其，那里。

⑱孔：程度副词，很。

⑲庑：正堂四周的廊房。

⑳黝：动词，涂成黑色。垩（è）：动词，用白垩涂成白色。白垩是石灰岩的一种，俗称白土子，可以制成涂料，用来粉刷墙壁。丹漆：这里意为用丹漆涂成红色。

㉑举：全，都。法：规则，规矩。

㉒舍（shì）菜：通“释菜”。古代学校开学时，要举行祭祀礼，以纪念至圣先师孔子，陈设的供品通常是芹藻一类菜蔬，这些供品称释菜。舍，通“释”，陈设，进献。且：将，即将。

㉓盱（xū）江：水名，在今江西东部，作者是盱江之畔南城人，曾在南城创建盱江书院，所以自称盱江人。谂（shěn）：告，告诫。

㉔四代：指远古的虞、夏、商、周四个朝代。虞，历史传说中的朝代，据说其创始者为舜。

㉕山西：崤（xiáo）山以西，为秦国所辖之地。鏖（áo）：征战。六国：指战国时崤山以东的燕、赵、韩、魏、齐、楚六个诸侯国。

㉖刘氏：指刘邦。关：指崤山的函谷关。函谷关是当时东西之间的交通要道。

㉗孝武：指西汉武帝刘彻。孝武是刘彻的谥号。

㉘世祖：指东汉光武帝刘秀。世祖是刘秀的庙号。戎行（hàng）：行伍，军队。刘秀曾是反抗王莽统治的造反大军的将领，所以才说他“出（身）戎行”。

㉙孳孳：通“孜孜”，勤勉不懈。学术：这里指文化事业。

㉚灵、献：指东汉最后两个皇帝灵帝刘宏和献帝刘协。

㉛草茅：指在野而未做官的人。危言：激烈的言论。

㉜折首：被杀。东汉儒生陈蕃、范滂等冒着杀头的危险反对宦官专权，后均为宦官杀害，“折首而不悔”指的就是这一史实。

㉝去臣位：篡夺君位的委婉说法。

㉞圣君：又作“贤君”，指袁州知州祖无择。

㉟俾（bǐ）：使。庠（xiáng）序：指学校。殷代称学校为庠，周代称学校为序。

㊱谭：通“谈”，谈论，讨论。陶：陶冶。

㊲法：效法，学习；这里指效法、学习的对象。

㊳徒：只，仅。

㊴抑亦：也是。为国者：即当政者。

译文

庆历五年，当今皇帝颁布诏书，命令各州、县兴办教育，设立学校。当时的知州、县令良莠不齐，有的贤明，有的愚鲁，所以对皇上诏令的态度大不一样：贤明者尽心竭力，恭敬认真地遵照皇上的旨意办事，很快就把学校办起来了；愚鲁者则虚设学官、教师，随便发一个文告了事。有的地方，不少县就没有学校。朝廷在上边倡导，下边的官员却不响应，导致教育衰落，世风不正。

庆历十四年，范阳人祖无择受命出任袁州知州。刚一到任，他便召见州学的学生，了解袁州各县的教育状况，得知不少县学校校舍残破不堪，不像样子，这使他为袁州人才流失，儒家之教衰落，不能贯彻落实皇上的旨意而深感不安。袁州通判颍川人陈侁得知之后，很赞成祖无择的想法，经过商讨，二人达成一致。于是，他们就去充当州学校舍的孔子庙考察，觉得这里地方狭窄，无法扩建校舍，遂决定在州城东北角选一个地方，新建一所州学。新校址土地干燥坚实，一面朝阳，建房所用的各种材料也很精良。校舍的设计方案很有法度，非常合理，学生、老师都有自己的房舍，厨房、仓库位置也都适当。各种材料备齐之后，大家一齐动手，开始兴建校舍。由于工匠技艺精良，官员做事勤勉，经过昼夜努力，第二年就竣工了。

在新州学即将开学之际，我对袁州州学的主事者说了下面一番话，鼓励大家把州学办好。我说：上古的虞、夏、商、周四个朝代，都很重视教育事业，这一点古代典籍上都有记载，读了就可以知道，我就不必说了。当年的秦国，凭借崤山以西的富饶之地，与六国经过几代人的惨烈战争，终于打败六国，统一天下，尔后就自称皇帝，并想传之万世。可是刘邦振臂一呼，就带领各路造反大军攻破函谷关，直捣都城咸阳，秦朝的那些骄兵悍将都争先恐后地投降。这是为什么呢？因为《诗》、《书》教化被废弃了，人们只顾私利，而不知道义为何物。汉武帝治国凭借的是国力雄厚，光武帝则出身行伍，他们都致力于发展文化事业，使得天下风俗淳厚，这种良好的世风一直延续到汉末灵帝、献帝两朝。东汉那些在野的读书人，经常对朝政发表激烈而尖锐的言论，虽遭杀身之祸也不后悔；那些功高足以震主的武将，接到朝廷诏令马上就放弃兵权；各地豪强虽然相互争斗，但是谁也不敢背叛朝廷，篡权夺位，这种局面一直延续了几十年，教化维系人心，使天下平安，国家稳定，作用非常之大。如今，朝廷的几代皇帝都很圣明，你们袁州又遇到一位贤能的长官，使你们能够通过学校教育，学习古人的崇高风范。天下太平的时候，通过礼乐教化陶冶民众；一旦不幸发生战乱，则应该持守在学校修得的高尚节操，为国效力。朝廷设教敦学的意图只有一个，那就是使国人精神有所依托，行动有所遵循。如果到这里来只学得一套舞文弄墨的本领以求名利，那岂仅是你们的羞耻，而且也是治国之人的忧虑。

朋党论[1]

欧阳修

原文

臣闻朋党之说，自古有之，惟幸人君辨其君子小人而已[2]。大凡君子与君子以同道为朋，小人与小人以同利为朋，此自然之理也。

然臣谓小人无朋[3]，惟君子则有之。其故何哉？小人所好者利禄也，所贪者货财也，当其同利之时，暂相党引以为朋者[4]，伪也；及其见利而争先，或利尽而交疏，则反相贼害[5]，虽其兄弟亲戚，不能相保。故臣谓小人无朋，其暂为朋者，伪也。君子则不然。所守者道义，所行者忠信，所惜者名节。以之修身，则同道而相益[6]；以之事国，则同心而共济。终始如一，此君子之朋也。故为人君者，但当退小人之伪朋，用君子之真朋，则天下治矣[7]。

尧之时，小人共工、驩兜等四人为一朋[8]，君子八元、八恺十六人为一朋[9]。舜佐尧，退四凶小人之朋，而进元、恺君子之朋，尧之天下大治。及舜自为天子，而皋、夔、稷、契等二十二人并立于朝[10]，更相称美[11]，更相推让，凡二十二人为一朋，而舜皆用之，天下亦大治。《书》曰[12]：“纣有臣亿万，惟亿万心；周有臣三千，惟一心。”纣之时，亿万人各异心，可谓不为朋矣，然纣以亡国。周武王之臣，三千人为一大朋，而周用以兴。后汉献帝时，尽取天下名士囚禁之，目为党人[13]。及黄巾贼起[14]，汉室大乱，后方悔悟，尽解党人而释之，然已无救矣。唐之晚年，渐起朋党之论。及昭宗时，尽杀朝之名士，或投之黄河，曰：“此辈清流，可投浊流。”[15]而唐遂亡矣。

夫前世之主，能使人人异心不为朋，莫如纣；能禁绝善人为朋，莫如汉献帝；能诛戮清流之朋，莫如唐昭宗之世。然皆乱亡其国。更相称美推让而不自疑，莫如舜之二十二臣，舜亦不疑而皆用之；然而后世不诮舜为二十二人朋党所欺⑯，而称舜为聪明之圣者⑰，以能辨君子与小人也。周武之世，举其国之臣三千人共为一朋，自古为朋之多且大，莫如周；然周用此以兴者，善人虽多而不厌也⑱。

嗟乎！治乱兴亡之迹，为人君者可以鉴矣⑲！

注释

①朋党论：朋党，用今天的话说，就是宗派、小集团。它与现代政治中的政党，不是一个概念。在皇权至上的古代中国，一方面，帝王们为维护自己的利益，忌讳并禁止官员们结成朋党；另一方面，官员们或由于利益一致，或由于政见相同，或由于以上双重原因，又往往会自觉不自觉地结成朋党。朋党之争，是中国政治的一大特色。北宋朋党之争非常激烈，不同的政治势力之间党同伐异，相互攻击，可以说是无日无之，一直到金人打进京城，灭掉北宋，才不了了之。作者欧阳修也介入了当时的朋党之争，本文是他为了替自己所在的政治集团辩护而写给仁宗皇帝赵祯的。在这篇文章里，他把朋党分为君子党和小人党两类，并建议皇帝重用君子党，罢黜小人党。就人品而言，应该承认，欧阳修及其同党，是正人君子，他们主张改革，也是进步的；但是，他的朋党有君子党与小人党之别的说法，却是荒谬的，因为孔子说过，“君子不党”。古人云，“结党营私”，欧阳修及其同党主张改革，固然应予肯定，但是谁敢保证他们没有一点儿私心呢？文章以历代兴亡的史实为论据，从正反两方面的对比中阐明自己的观点，条理明晰，层次清楚。朋，朋党。

②幸：希望。人君：国君，皇帝。

③小人无朋：字面意思是小人中没有朋党。如果欧阳修的真实意思如此，那么他就犯了一个逻辑上自相矛盾的低级错误，因为在上文中他说过“小人与小人，以同利为朋”，这里又说“小人无朋”，显然前后矛盾。欧阳修似乎不会犯这种低级错误，他的真实意思是小人不会为“同道”而结成朋党。

④党引：彼此勾结，形成私党。

⑤贼害：伤害。贼，伤害。

⑥益：补益。

⑦治：与“乱”相对，太平，安定。

⑧共（gōng）工、驩兜（huān dōu）等四人为一朋：传说上古尧帝时，共工、驩兜、鲧（gǔn）、三苗四个部族首领，由于都很残暴，被称为“四凶”，后都被尧帝流放。

⑨八元、八恺十六人为一朋：传说上古时，高辛氏有八个有才德的儿子，被当时人称为“八元”；高阳氏手下有八个有才能的人，被人称为“八恺”。元，古代美称，良善的意思。恺，古代美称，和乐的意思。

⑩皋（gāo）、夔（kuí）、稷（jì）、契（xiè）等二十二人：传说舜帝时，有以这四位贤臣为代表的二十二位有才有德之人辅佐他治理天下。

⑪更（gēng）相：彼此，相互。更，交替。

⑫《书》：《尚书》。下面引文中的“纣”（zhòu），是商朝最后一个王，传说此人十分残暴。

⑬“后汉”三句：这里说的是历史上著名的东汉“党锢之祸”，欧阳修的说法有误。“党锢之祸”发生在桓帝（刘志）、灵帝（刘宏）在位时，当时宦官专权，将反对他们的读书人指为党人，或流放或处死，实施残酷镇压。

⑭黄巾贼起：指东汉灵帝时以张角为首的农民造反军，其成员头裹黄巾，故称黄巾军。贼，对造反者的蔑称。张角等举事后，统治集团为缓和社会矛盾，解除了对所谓党人的禁锢。

⑮“及昭宗时”五句：这里说的历史事件发生在唐哀帝时，欧阳修的说法有误。哀帝天祐二年（905），权臣梁王朱全忠（温）将被朝廷罢官的宰相裴枢等三十多人诱杀于白马驿，并将异己的士大夫诬为“朋党”，或贬或杀，凡数百人，使“朝廷为之一空”。文中的“此辈清流，可投浊流”一语，是朱全忠将裴枢等投入黄河前，其谋士李振说的。此前，在由谁出任太常卿问题上，宰相与朱全忠发生争执，朱全忠举荐其部下张廷范，裴枢极力反对，说：“太常卿，唐常以清流为之，廷范乃梁客将，不可。”李振的话，就是针对上述裴枢的话说的，极为刻毒。清流，本文为清澈的流水，这里比喻品节高尚的人。浊流，这里指黄河，语涉双关。

⑯诮（qiào）：讥讽，嘲笑；这里意为批评。

⑰聪明：耳清为聪，目清为明，就是看得清，辨得明。

⑱厌：满足。

⑲鉴：借鉴，鉴戒。

译文

据我所知，朋党现象自古就有，这次给您写信，只是希望您在处理朋党之争时，要辨明谁是君子，谁是小人。一般来说，君子与君子结党，是由于信仰相同或政见一致；而小人与小人结党，则是由于他们之间有共同的利益。这是自然而然，合乎常理的事情。

不过我认为，小人之间不会结成真正意义上的朋党，只有君子之间才会这样。这是什么原因呢？小人所追求的，是俸禄；所贪图的，是钱财。当他们之间有共同利益的时候，他们会暂时相互勾结，形成所谓的朋党，这是假象。等到有利可图时，他们就争先恐后地去攫取，谁也不让谁，或者把好处都抢光了，他们便彼此疏远；在这种情况下，他们反而会相互伤害，即使兄弟亲戚，也不能和睦相处，友好相待。因此我才说，小人之间不会结成真正意义上的朋党，他们暂时结为朋党，只是假象。而君子就不是这样。他们所坚持的是道义，所奉行的是忠信，所珍惜的是名节。用这些来修身，他们会由于志同道合而相互帮助，共同提高；用这些去为朝廷效命，他们同心同德，团结一致。坚守共同信念，关系始终如一，这就是君子的朋党。所以，您身为皇帝，应该疏远、罢黜小人的假朋党，器重、任用君子的真朋党，做到了这一点，天下就大治了。

尧的时代，小人共工、驩兜等四人结成一个朋党，君子八元、八恺十六人结成一个朋党。舜辅佐尧斥退了“四凶”等小人结成的朋党，而重用被称为“八元”、“八恺”的君子的朋党，尧的天下很太平。等到舜自己成了天子，皋、夔、稷、契等二十二人同在朝中共事，他们互相尊重、互相谦让，二十二人结成一个朋党，而舜信任他们，天下也因而非常太平。《尚书》上说：“商纣王有亿万个臣子，就有亿万颗心；周有臣子三千人，只有一条心。”商纣王时代，亿万个臣子各有不同的心思，可以说是不结成朋党了，但商纣王因此而亡国。周武王的三千个臣子结成一个大朋党，周朝却因此而兴盛起来。东汉献帝时，把天下的名士全抓起来，视他们为“党人”，等到黄巾起义，天下大乱，后来才悔悟，把“党人”全部释放，然而已无可挽回了。到唐昭宗时，将朝廷上的名臣斩尽杀绝，有的还投进了黄河，还说：“这班人自称清流，现在可以投到浊流里去了。”而唐朝也就此灭亡。

前代的君王中，能使人人怀异心而不结成朋党的，没有谁能比得上商纣王，能禁止贤人结成朋党的，没有谁比得上汉献帝；能屠杀“清流”结成的朋党的，没有哪一代比得上唐昭宗时期。可是他们的国家都因动乱而灭亡。能互相尊重、谦让而不猜疑的，没有谁比得上舜的二十二个臣子，舜不怀疑而非常信任他们。但是后世的人们不责备舜被二十二人的朋党所欺骗，反而称颂舜是一位圣明的君主，这是因为他能够明辨君子和小人的朋党。周武王时代，全国三千个臣子结成一个朋党，自古以来朋党的人数之多，范围之广，没有哪个朝代比得上周朝的，然而周朝却因此而兴盛起来，这是由于贤才再多也不满足。

这些国家兴盛衰亡、太平动乱的历史事迹，当国君的应当引以为鉴。

纵囚论①

欧阳修

原文

信义行于君子，而刑戮施于小人。刑入于死者，乃罪大恶极②，此又小人之尤甚者也③。宁以义死，不苟幸生④，而视死如归，此又君子之尤难者也。方唐太宗之六年⑤，录大辟囚三百馀人⑥，纵使还家⑦，约其自归以就死⑧，是以君子之难能，期小人之尤者以必能也⑨。其囚及期，而卒自归无后者⑩，是君子之所难，而小人之所易也。此岂近于人情哉？

或曰：罪大恶极，诚小人矣。及施恩德以临之，可使变而为君子。盖恩德入人之深，而移人之速⑪，有如是者矣。曰：太宗之为此，所以求此名也。然安知夫纵之去也⑫，不意其必来以冀免⑬，所以纵之乎？又安知夫被纵而去也，不意其自归而必获免，所以复来乎？夫意其必来而纵之，是上贼下之情也⑭；意其必免而复来，是下贼上之心也。吾见上下交相贼以成此名也，乌有所谓施恩德与夫知信义者哉？⑮不然，太宗施德于天下，于兹六年矣，不能使小人不为极恶大罪，而一日之恩，能使视死如归而存信义，此又不通之论也。

然则何为而可？曰：纵而来归，杀之无赦；而又纵之，而又来，则可知为恩德之致尔⑯。然此必无之事也。若夫纵而来归而赦之，可偶一为之尔，若屡为之，则杀人者皆不死，是可为天下之常法乎？不可为常者，其圣人之法乎？是以尧、舜、三王之治⑰，必本于人情，不立异以为高，不逆情以干誉。

注释

①纵囚论：这是一篇史论。据史书记载，唐贞观六年（632）十二月，太宗李世民下令，把已经被判处死刑的重罪犯人三百余人假释，让他们回家

过年，并与家人团聚一段时间，期限为第二年秋天某月某日，到时候再回监狱，等候处死，以此宣示仁德。后来，这些犯人果然全部如期归监，无一人逃亡。李世民大受感动，遂下令赦免了他们。此事一向为后人所称道，欧阳修却大不以为然，认为李世民此举是玩弄权术，沽名钓誉，遂写本文，予以批评。文章说理透彻，言辞锋利，是一篇史论佳作。

②罪大恶极：这是传统社会的一个带有强烈感情色彩的道德评语，而非法律概念，今天已废而不用。

③尤甚：最坏。尤，更，更加。

④苟：苟且，不严肃，不认真。

⑤唐太宗之六年：完整的表述应为“唐太宗贞观六年”。

⑥录：审核，审查。大辟：古代刑名，属五刑之一，后指死刑。

⑦纵：释放。

⑧约：约定，即规定期限。

⑨期：希望，要求。

⑩卒：最后，终于。后：超过时限。

⑪移：改变。

⑫安：怎么。

⑬意：预料，估计。冀：希望。

⑭贼：揣度，猜测。

⑮乌：疑问代词，哪里。

⑯致：导致。尔：这样。

⑰三王：指夏禹王、商汤王、周文王。

译文

讲求诚信与道义，是对君子而言的；对于小人，只能施以刑罚，甚至杀戮。被判处死刑的人，都是罪大恶极的人，这种人必定是小人，而且是小人中最坏的人。宁肯坚守道义而死，也不愿侥幸免死而苟且偷生，并且能视死如归，不要说普通人做不到，就连君子也很难做到。贞观六年，唐太宗亲自对京城监狱里的罪犯进行了一次审查，见有人被判处死刑，对他们顿生怜悯之情，于是下令把他们都释放了，让他们回家与家人团聚一段时间，期限是从释放之日起到第二年秋天某月某日止，时间一到，必须返回监狱等候处死。后来，他又下令，对全国的死刑犯都照此办理，并规定，到了限定的时间，京城之外的死刑犯都得来京城报到归监。全国共释放了三百九十人。第二年秋，这些人全部如期自觉赶到朝堂，向朝廷报到，无一人逃亡。这令唐太宗深受感动，于是他又下令，这三百九十人的死刑全都赦免，一律改判为轻刑。对此，当时的人和后来的人，多有称颂，认为唐太宗“施恩德”，“讲仁义”，连著名诗人白居易，也出来写诗凑趣，感叹说“死囚四百来归狱”。而宋人欧阳修，却觉得大谬不然。他认为，唐太宗此举，是拿君子也很难做到的事，去要求小人中最坏的人必须做到，简直是异想天开。他说，这种连君子都难以做到的事，小人却很轻易地做到了，这符合人之常情吗？

可能有人不同意欧阳修的看法，说有的人为非作歹，到了罪大恶极的地步，这种人确实是小人。但是，皇上的恩德会感化他们，使他们变为君子。因为恩德感化深入内心，人会很快转变，这种情况也是有的。欧阳修反驳说：唐太宗这样做，正是想博得一个他以恩德感化小人，把小人变成君子的好名声。可是人们哪里知道，唐太宗把这些人释放回家，是事先料定他们为保住性命一定会回来，所以才这么做的；哪里知道，这些被释放回家之后按时归监的人，是事先料定只要自动归监，一定会获得赦免，所以才自动归监的。料定死囚为了获得赦免一定会按期自动归监，而故意释放他们的做法，是居于上位的人算计出了处于下位的人的心思；料定只要按时自动归监，一定会获得赦免，才按时自动归监的举动，是处于下位的人算计出了居于上位的人的意图。人们从这件事上看到的，只有上下相互算计，和唐太宗以此博取施恩德、讲仁义的好名声，死囚们以此换来赦免，保住性命，根本没有所谓的唐太宗施恩德和死囚们知信义这回事儿。要是真有唐太宗施恩德这回事儿，那么，当时他做皇帝已经做了六年，在这漫长的六年时间里，他尚不能使小人不做罪大恶极的坏事，而仅凭一天的恩德，就能把他们变成视死如归、讲求诚信、遵守道义的君子吗？从道理上讲，这根本说不通；从实践上说，也根本不可能。

那么，究竟应该怎么处置这些死囚呢？欧阳修主张，等他们归监之后，统统杀掉，一个也不赦免；然后再释放一批，如果他们也能自动归监，就可以据此断定，这是施恩德的结果。然而，这是根本不可能的。这种事，只能偶尔做一次。如果经常这样做，那么杀人者都免去死罪，这能成为国家固定不变的法律吗？古代那些圣王贤君治理天下，都是以人性人情为依据，不标新立异以显示自己崇高，不违背情理以沽名钓誉。

五代史伶官传序①

欧阳修

原文

呜呼！盛衰之理，虽曰天命，岂非人事哉！原庄宗之所以得天下②，与其所以失之者，可以知之矣。

世言晋王之将终也③，以三矢赐庄宗而告之曰④："梁⑤，吾仇也；燕王⑥，吾所立，契丹与吾约为兄弟⑦，而皆背晋以归梁。此三者，吾遗恨也⑧。与尔三矢，尔其无忘乃父之志！"庄宗受而藏之于庙⑨。其后用兵，则遣从事以一少牢告庙⑩，请其矢，盛以锦囊，负而前驱，及凯旋而纳之。

方其系燕父子以组⑪，函梁君臣之首⑫，入于太庙，还矢先王，而告以成功，其意气之盛可谓壮哉！及仇雠已灭⑬，天下已定，一夫夜呼，乱者四应，仓皇东出，未见贼而士卒离散，君臣相顾，不知所归，至于誓天断发，泣下沾襟，何其衰也⑭！岂得之难而失之易欤？抑本其成败之迹⑮，而皆自于人欤？

《书》曰⑯："满招损，谦得益。"忧劳可以兴国，逸豫可以亡身⑰，自然之理也。故方其盛也，举天下之豪杰⑱，莫能与之争；及其衰也，数十伶人困之⑲，而身死国灭，为天下笑。夫祸患常积于忽微⑳，而智勇多困于所溺㉑，岂独伶人也哉！

注释

①五代史伶官传序：五代，指唐朝灭亡后，在中原地区相继建立起来的五个王朝，即后梁、后唐、后晋、后汉和后周。五代史，有两种，一为宋初薛居正所撰的《五代史》，一为欧阳修所撰的《五代史记》。为了把二者区别开来，后者被习称为《新五代史》。伶，优伶，古代戏曲、音乐艺人。伶官，古代宫廷中的娱乐供奉人员。后唐庄宗李存勖（xù）酷爱戏曲艺术，宠信重

用宫廷艺人，让他们出任官府职务，导致败政乱国。为此，欧阳修在修五代史的时候，特意写了一篇《伶官传》。本文是《伶官传》开头的导论，有很强的独立性，后世文章选本多选之，并为它立了个题目，叫《五代史伶官传序》。文章内容论述了五代盛衰兴亡之理，认为在诸多因素中，起决定性作用的是人事因素。在特定的社会制度下，欧阳修的这一见解是十分精辟的。文中的“满招损，谦受益”，“忧劳可以兴国，逸豫可以亡身”和“祸患常积于忽微，而智勇多困于所溺”等语，都是至理名言，对后人很有教育、启发意义。需要指出的是，世人不能由于“忧劳可以兴国”就去赞美苦难，也不能由于“逸豫可以亡身”就来否定逸豫，因为追求幸福是人生的第一要义和人的天赋权利。文章开门见山推出论点，然后运用例证法、对比法和引证法加以论证，层层深入，有很强的说服力，是欧氏文章中的名篇佳作。

②原：研究、探讨。庄宗：即后唐庄宗李存勖，后唐第一代皇帝。西域突厥族人，世代为沙陀部族酋长。其父李克用，乃唐朝末年割据于今山西、河北西部一带的军阀，被朝廷封为晋王。李存勖继晋王位之后，灭了后梁，建立后唐并称帝，定都洛阳。尔后，李存勖骄傲自大，奢侈无度，终日沉溺于宫廷享乐之中，到处为自己选美女，宠信、重用伶人，甚至亲自演出，还为自己取了个艺名，曰“李天下”，招致朝野怨声载道，兵变迭起。后来，一个艺名叫郭门高的伶官发动叛乱，李存勖在叛乱中被杀。

③晋王：即庄宗之父李克用。终：死亡。

④矢：箭。

⑤梁：这里指后梁的建立者朱全忠。朱全忠与李克用为争夺河北地区而长期打仗，两人因此结下深仇大恨。

⑥燕王：指刘仁恭。唐末，李克用保荐刘仁恭为幽州卢龙（今河北北部）节度使，后两人发生矛盾，刘仁恭背叛李克用而投靠朱全忠。李克用死后，刘仁恭之子刘守光自立，称大燕皇帝。这里的“燕王”只是个笼统称呼。

⑦契丹：指契丹首领耶律阿保机。李克用曾与耶律阿保机结拜为兄弟，并相约联合攻打后梁。后来，耶律阿保机背弃盟约，与后梁联合攻打李克用。

⑧遗恨：遗憾。恨，憾。

⑨庙：太庙。帝王供奉、祭祀祖先的宗庙。

⑩从事：下属官吏。少牢：祭品名。用牛、羊、猪各一者，叫“太牢”，

只有羊、猪者，叫“少牢”。告庙：祭祖。

⑪燕父子：指刘仁恭及其儿子刘守光。组：绳子。后梁乾化二年(912)，晋王李存勖派兵攻破幽州，生俘刘仁恭，并追捕出逃的刘守光。后将刘守光捕获，于乾化四年把刘氏父子押至太原，缚献于李氏宗庙。

⑫函：匣子；这里用作动词，装入匣子。梁君臣：指后梁末帝朱瑱及其臣下皇甫麟等人。后唐庄宗同光元年（923），李存勖率兵攻破后梁都城开封，后梁末帝朱瑱为避免落入仇人之手，命部下皇甫麟将其杀死；随后，皇甫麟也自杀身亡。找到二人尸体后，李存勖命人将其头颅砍下，放入木匣中。

⑬仇雠（chóu）：仇敌。雠，通“仇”。

⑭“一夫夜呼”九句：一夫，指当时驻守贝州（今河北南宫）的将领皇甫晖。后唐庄宗同光四年，皇甫晖发动叛乱，随后河北各地驻军也相继起来响应，而此时其部下——李克用的养子李嗣源却乘机举兵进入开封，自立为皇帝。庄宗由洛阳率兵前往开封平叛，行至中途，得知李嗣源已经占领开封并称帝，只得回师洛阳，途中士兵逃散过半。走到洛阳近郊时，他哭着对随他出征的将领们说：“你们追随我多年，患难与共，富贵同享，如今落到这步田地，难道没有办法挽救危局了吗?”众人哭成一团，纷纷割下头发，对天发誓，要以死报国。

⑮抑：或者。本：考察原因。

⑯《书》：即《尚书》。下面的两句引文出自其中的《大禹谟》篇，原文“得”作“受”。

⑰逸豫：安逸享乐。

⑱举：全。

⑲数十伶人困之：李存勖灭梁以后，忘乎所以，不理政事，纵情声色，宠信伶人，让他们参与朝政，掌控兵权。庄宗同光四年，深受庄宗宠信，担任禁卫军头领的伶人郭门高发动叛乱，率部攻入皇宫，混乱中，庄宗被流箭射死。庄宗死后，后唐又延续了十年。由于继位者李嗣源只是李克用的养子，帝位又是“篡”而得之，从世袭制传统观念看，庄宗正应了下文说的“身死国灭”那句话。

⑳忽微：细小的原因。忽，一寸的十万分之一；微，一寸的百万分之一。

㉑溺：痴爱或沉醉；这里指溺爱的人或嗜好的事。

译文

一个朝代或政权的兴盛与衰落，虽然主要取决于它所处的时代大格局、社会大背景，但与当事人的所作所为有密切关系。其中的道理，只要考察一下后唐庄宗当年夺得天下和后来又失去天下的原因，就明白了。

传说，当年晋王李克用快死的时候，拿出三支箭给他的儿子——就是后来的后唐庄宗李存勖，郑重地嘱咐说："梁王朱温，是我的仇敌。燕王刘仁恭是我扶植起来的，契丹首领耶律阿保机，曾和我结拜为兄弟，可是后来他们都背叛了我们而投靠了梁国。这三件事我来不及办了，是我终生的遗恨。现在给你三支箭，是让你记住我的志向！"庄宗接受了这三支箭，并把它们珍藏在太庙里。后来，只要用兵打仗，他就派人去太庙，向祖先供献一副少牢，祈求祖先保佑他，并请出那三支箭，用锦囊装好，背着箭向前冲杀，等到胜利归来，再把箭放回太庙。

当他把燕王父子用绳子绑起来，把后梁君臣的头颅装入匣子，送进太庙，将三支箭归还先王，向先王的在天之灵宣告功业已成的时候，其意气之风发，真可以说豪迈、雄壮极了啊！可是，到了仇敌已经消灭，天下已经平定，仅一个人夜间振臂一呼，举兵造反，叛乱者竟四处响应，庄宗慌慌张张率兵往东边平叛；还没见到叛贼，自己的士兵就乱作一团，逃走大半。面对此情此景，君臣面面相觑，都傻了眼，不知道该如何是好，最后只落得部将割下头发对天起誓，表示效忠，他则掩面哭泣，感谢臣下的忠诚。这是多么衰败不堪的一派景象啊！这难道是应验了古语说的"得之难而失之易"吗？其实仔细探讨一下庄宗成功的过程和失败的原因，其成功，其失败，起决定性作用的，都是他本人的所作所为。

《尚书》说："骄傲自满会招致损失，谦虚谨慎能得到益处。"忧惧警惕和勤奋工作可以使国家兴盛，安逸悠闲和纵情享乐能够丧失性命，都符合自然之道理。因此，当庄宗强盛的时候，天下豪杰，没有谁能够与他争雄；而等他到了颓废的时候，区区几十个伶人把他包围起来，怂恿他纵情声色，使他最后落了个身死国灭的可悲下场，遭到天下人的耻笑。由此可见，国家的祸患常常是由一些细小的原因积累出来的，有智有勇的人大多会被自己溺爱的人或酷好的事所困扰。导致庄宗身死国灭的，不只是那帮伶人啊。

丰乐亭记①

欧阳修

原文

修既治滁之明年②，夏始饮滁水而甘③。问诸滁人④，得于州南百步之近。其上则丰山，耸然而特立；下则幽谷，窈然而深藏⑤；中有清泉，滃然而仰出⑥。俯仰左右，顾而乐之。于是疏泉凿石，辟地以为亭，而与滁人往游其间。

滁于五代干戈之际⑦，用武之地也。昔太祖皇帝，尝以周师破李景兵十五万于清流山下⑧，生擒其皇甫晖、姚凤于滁东门之外，遂以平滁。修尝考其山川，按其图记⑨，升高以望清流之关⑩，欲求晖、凤就擒之所。而故老皆无在者，盖天下之平久矣。

自唐失其政，海内分裂，豪杰并起而争，所在为敌国者，何可胜数。及宋受天命⑪，圣人出而四海一⑫。向之凭恃险阻⑬，刬削消磨⑭，百年之间，漠然徒见山高而水清，欲问其事，而遗老尽矣。今滁介江淮之间⑮，舟车商贾、四方宾客之所不至⑯，民生不见外事，而安于畎亩衣食⑰，以乐生送死。而孰知上之功德⑱，休养生息，涵煦于百年之深也⑲。

修之来此，乐其地僻而事简，又爱其俗之安闲。既得斯泉于山谷之间⑳，乃日与滁人仰而望山，俯而听泉。掇幽芳而荫乔木㉑，风霜冰雪，刻露清秀㉒，四时之景，无不可爱。又幸其民乐其岁物之丰成，而喜与予游也。因为本其山川㉓，道其风俗之美，使民知所以安此丰年之乐者，幸生无事之时也。

夫宣上恩德，以与民共乐，刺史之事也㉔，遂书以名其亭焉。

注释

①丰乐亭记：宋仁宗庆历五年（1045），作者在激烈的党争中失势，被

贬为滁州知州，第二年写了这篇文章，本文以简练而生动的笔调描绘了滁州山高水清的美丽景色，并通过古今对比，在颂扬朝廷推行休养生息政策，使百姓安居乐业的同时，告诫人们要居安思危，以保持长治久安的政治局面。文章运用今昔对比的表现手法，融叙事、写景、抒情于一体，从容不迫，文情并茂，是一篇独具一格的游记小品。

②滁（chú）：滁州，故地在今安徽滁州。

③甘：以为甘美，觉得甘美。

④诸："之于"的合音。

⑤窈（yǎo）然：幽深的样子。窈，深远。

⑥滃（wēng）然：水势很大的样子。

⑦五代：见《五代史伶官传序》注释①。干戈：干与戈都是古代兵器，干是一种盾，戈是一种矛，二者连用，构成一个并列式合成词，则泛指武器，又比喻战争。

⑧太祖皇帝：指宋朝开创者赵匡胤。周师：五代时后周的军队。赵匡胤称帝前是后周世宗柴荣属下大将。李景：即南唐中主李璟。据《宋史·太祖纪》记载，后周世宗三年，赵匡胤随周世宗率兵征淮南，南唐节度皇甫晖、姚凤率兵十五万抵抗，赵攻破滁州，活捉二人。

⑨按：考察。图记：地图和文字记录。

⑩清流之关：清流山的一个关口，赵匡胤大败南唐兵于此。

⑪受天命：这是古代夺得天下的统治者论证自己地位合法性的一种说辞，不可信。

⑫一：统一。

⑬向：过去，从前。凭恃：凭借，依靠。

⑭刬（chǎn）削消磨：这里意为被消灭。刬，通"铲"。

⑮江淮：长江与淮河。

⑯商贾（gǔ）：商人。行商为"商"，坐商为"贾"。

⑰畎（quǎn）亩：田地。畎，田间小沟。

⑱孰：谁。上：皇上，皇帝。

⑲涵煦（xù）：滋养化育。深：久长。

⑳斯：这。

㉑掇（duō）：拾取。荫乔木：在高大的树下乘凉。荫，荫庇；这里意为

乘阴凉。

㉒刻露清秀：雕刻使之露出清秀。刻，雕刻。

㉓因：于是。本：根据，按照。

㉔刺史：知州的别称。

译文

我到滁州出任知州的第二年夏天，饮水时才品出滁州的水竟然如此之甘甜。我向当地人打听水源在哪里，他们说就在城南一百来步的地方。我到那里一看，水源果然离州城很近。水源上面是丰山，山势高耸，孤零零地挺立在那里；下面有一道深谷，往下一看，幽暗无光，什么也看不见；山腰里，有一股清泉轰鸣着奔涌而下。我站在那儿，仰观俯察，左顾右盼，饱览了四周风光，心里快乐极了。于是，我就下令疏通泉眼，铲除乱石，开辟一片平地，在上边建了一座亭子，后来就经常与滁州百姓一块儿到这里游玩。

滁州这个地方虽然不大，但在五代兵荒马乱之际，却是兵家必争之地。当年太祖皇帝曾在这里指挥后周大军，打败南唐国主李璟的十五万人马，并生擒他手下的两员大将，使滁州全境安定下来。我到滁州以后，曾经考察过这里的山山水水，并查阅地图和文字记载，还上山看过清流山的关口，想找到太祖皇帝生擒南唐两员大将的旧址。可是当年的老人都已去世，没有人知道在什么地方，因为天下太平的日子已经很久很久了。

自从唐朝朝政腐败，社会陷入混乱，国家四分五裂，军阀武夫纷纷起来争夺天下，在各地建立起相互敌对的政权，一时之间，这类政权多得简直无法计算。后来，太祖皇帝取得政权，天下才重新归于统一。随着岁月的流逝，从前战争年代那些可以凭借的险要山川，都不见了，百年之间，人们看到的只是高耸的山峰和清澈的江水。有时候，我想打听一下当年的往事，可惜老人都已死去，再也没有人知道了。现在的滁州，处于长江与淮河之间，是一个乘车坐船的商人和四处游玩的游客都不到的地方，百姓一生也看不到外面的世界是什么样子，安于耕田种地、吃饭穿衣，乐于生儿育女、养老送终，谁也不知道这是朝廷推行让百姓休养生息政策的功德所致。

我来到此地，喜欢这里的地方僻静和公事较少，还喜欢这里的民风安适悠闲。自从发现了这个山泉之后，我经常与滁州士人到这里游玩，我们仰而望山景，俯而听泉声，春天采幽谷中的鲜花，夏天在大树下纳凉，到了秋冬季节，经过风霜冰雪的雕凿，这里景致变得更加清秀：一年四季的风光，都非常可爱。令我感到幸运的还有，这里的百姓由于连年丰收而很快乐，喜欢与我一起游玩。于是，我就根据这里山川的特点，称赞当地民俗风情的淳朴美好，让百姓知道他们之所以能够安逸悠闲地享受丰年之乐，是由于有幸生在没有战乱，天下平安无事的时代。

宣扬朝廷的恩德，并与百姓共享快乐，原本就是地方官的职分。于是我就写出这篇《丰乐亭记》，来给这座亭子命名，叫“丰乐亭”。

留侯论①

苏轼

原文

古之所谓豪杰之士者，必有过人之节，人情有所不能忍者。匹夫见辱②，拔剑而起，挺身而斗，此不足为勇也。天下有大勇者，卒然临之而不惊③，无故加之而不怒。此其所挟持者甚大④，而其志甚远也。

夫子房受书于圯上之老人也⑤，其事甚怪。然亦安知其非秦之世有隐君子者⑥，出而试之。观其所以微见其意者⑦，皆圣贤相与警戒之义。世人不察，以为鬼物，亦已过矣⑧。且其意不在书。当韩之亡，秦之方盛也，以刀锯鼎镬待天下之士⑨。其平居无罪夷灭者不可胜数⑩，虽有贲、育⑪，无所获施⑫。夫持法太急者，其锋不可犯，而其势未可乘。子房不忍忿忿之心，以匹夫之力，而逞于一击之间⑬。当此之时，子房之不死者，其间不能容发⑭，盖亦已危矣。千金之子⑮，不死于盗贼⑯，何者？其身之可爱，而盗贼之不足以死也⑰。子房以盖世之材，不为伊尹、太公之谋⑱，而特出于荆轲、聂政之计⑲，以侥幸于不死，此圯上老人所为深惜者也。是故倨傲鲜腆而深折之⑳。彼其能有所忍也，然后可以就大事，故曰："孺子可教也。"

楚庄王伐郑，郑伯肉袒牵羊以迎㉑。庄王曰："其主能下人，必能信用其民矣。"遂舍之。句践之困于会稽，而归臣妾于吴者，三年而不倦㉒。且夫有报人之志，而不能下人者，是匹夫之刚也。夫老人者，以为子房才有余，而忧其度量之不足，故深折其少年刚锐之气，使之忍小忿而就大谋。何则？非有生平之素㉓，卒然相遇于草野之间，而命以仆妾之役，油然而不怪者，此固秦皇之所不能惊，而项籍之所不能怒也㉔。

观夫高祖之所以胜㉕，而项籍之所以败者，在能忍与不能忍之间而已矣。项籍唯不能忍，是以百战百胜而轻用其锋；高祖忍之，养其全锋而待其敝㉖，此子房教之也。当淮阴破齐而欲自王，高祖发怒，见于词色㉗。由此观之，犹有刚强不忍之气，非子房其谁全之[28]！

太史公疑子房以为魁梧奇伟[29]，而其状貌乃如妇人女子，不称其志气。呜呼！此其所以为子房欤[30]！

注释

①留侯论：宋仁宗嘉祐六年，即公元1061年，苏轼参加应制科考，呈上《进论》二十五篇，本文是其中的一篇。这一年，苏轼只有二十五岁。本文是对民间传说中张良在桥上偶遇黄石公而“纳履受书”一事的评论。张良所受之书，据说是一部兵书——兵法著作。后世多认为，张良后来之所以能够辅佐刘邦遣将用兵，夺得天下，全仗这部兵书。这种说法出自庸常俗民的浅层次思维，自然十分幼稚，非常可笑，不会为苏轼之流文化精英分子所认同。苏轼认为，黄石公给予张良的教益，不在赠书，而在“纳履”——借此启发磨炼张良，使他懂得“小不忍则乱大谋”的道理。大谋者，战略也。就此而论，苏轼的说法有一定道理。只是夺取政权这类大事，往往是由多种历史的偶然因素造成的，不能只看一端，不计其他。全文以“忍”字为纲，夹叙夹议，从正反两方面进行论说，首尾呼应，文气流转多变而又前后贯通，是一篇论说文佳作。文章起始部分，识见卓异，言语精警，很值得效仿与记取。留侯，张良后来的封号。

②匹夫：庸常人，普通人。见辱：受到侮辱。见，被。

③卒：通“猝”，突然。

④所挟持者：所怀有的志向，这里是抱负的意思。

⑤子房受书于圯（yí）上之老人也：子房，张良的字。圯，古代楚地俗称桥为“圯”。老人，传说中秦末隐士，人称“黄石公”。张良“纳履受书”之事，《史记·留侯列传》虽有记载，但司马迁又认为“亦可怪矣”，可见他并不全然相信。据说，张良在下邳的时候，某日外出，在一座桥上遇见一位老人，老人故意把自己的鞋子弄到桥下，让张良下去替他捡起来。张良先是吃了一惊，想上去揍他一顿，但又一想，人家是个老人，应该帮助，就下去捡鞋。捡上来之后，老人又让张良给他穿上，张良无奈，只好照办。老人遂说：“孺子可教矣！”然后，老人又让张良五天后一大早到桥头见他。张良如约到那里，老人已先到，嫌他去迟了，又向后推迟五日。第二次又如此。直到第三次赴约时，张良“夜未半而往”，总算赶在老人之前，于是，老人大受感动，便赠他一部书，并对他说：“读此，则为帝王师矣。”传说，这位老

人叫“黄石公”，而他所赠之书书名则不详（一说叫《太公兵法》，不可信），人称《黄石公书》。此事很可能纯属子虚乌有，是张良为了神化自己，或者张良的崇拜者为了神化自己心目中的偶像，而杜撰出来的。

⑥隐君子：隐士。

⑦微：委曲婉转，含蓄不明。见：通“现”。

⑧已：过分。过：错误。

⑨刀锯鼎镬（huò）：泛指古代酷刑。镬，烹人的锅。

⑩夷灭：杀死。

⑪贲（bēn）、育：指战国时卫国著名力士孟贲和夏育。据传，孟贲能生拔牛角，夏育能力举千钧。

⑫获：得到，能够。施：施展。

⑬“子房不忍”三句：张良先辈为战国时韩国大臣，秦灭韩后，张良曾为韩王复国而努力。据《史记·留侯列传》记载，张良曾请一位力士，用一个一百二十斤重的铁锤，乘秦始皇东游之际，在博浪沙这个地方狙击之，结果误中副车，行刺未遂。这三句说的就是此事。

⑭间（jiàn）不能容发：缝隙很小，不能容纳一根头发。这里形容情势非常危急。间，缝隙。

⑮千金之子：指身份高贵的人。

⑯不死于盗贼：意思是不会由于与盗贼搏斗而死。

⑰不足以死：意思是不值得去死。

⑱伊尹、太公：伊尹是商汤的大臣，曾辅佐商汤灭夏桀。太公即太公望，也就是姜子牙，先辅佐周文王兴周，后又辅佐周武王伐纣灭商。“伊尹、太公之谋”，指定国安邦的大智谋。

⑲特：只，仅。荆轲、聂政：二人都是战国时的著名刺客。他们的“计”指行刺。

⑳倨（jù）傲鲜（xiǎn）腆（tiǎn）：傲慢无礼。倨，傲慢。鲜腆，无礼。

㉑“楚庄王”两句：郑伯，指郑襄公。肉袒，脱衣露体，表示请罪。据《左传·宣公十二年》记载，这一年，楚庄王伐郑，攻入郑国都城，郑国国君襄公肉袒牵羊以迎，说：“孤不天，不能事君，使君怀怒，以及敝邑，孤之罪也，敢不唯命是听?”楚庄王因此原谅了他，退兵三十里，两国纠纷和平解决。

㉒“句践”三句：句践，又作“勾践”，春秋末期越国国君。会（kuài）稽，山名，在今浙江绍兴境内。公元前497年，越王勾践兴师伐吴，被吴王夫差困于会稽山，只得屈服求和，后与妻子一同去吴国做人质，为吴王夫差当奴仆三年。此即历史上著名的“卧薪尝胆”的故事。

㉓生平之素：一向有交往，是老朋友。

㉔项籍：即项羽。“羽”是其字，“籍”是其名。

㉕高祖：即刘邦。

㉖敝：疲敝，衰落。

㉗“当淮阴”三句：淮阴，指韩信。韩信曾被刘邦封为淮阴侯，故以“淮阴”称之。见，通“现”。词色，言语和表情。据《史记·淮阴侯列传》记载，韩信领兵占领齐国故地后，派人向刘邦索地要权，又怕刘邦不给，只求做个“假齐王”。“假”，代理的意思。结果是，“当是时，楚方急围汉王于荥阳，韩信使者至，发书，汉王大怒，骂曰：‘吾困于此，旦暮望若（你）来佐我，乃（却）欲自立为王！’张良、陈平蹑其足，因附耳曰：‘汉方不利，宁（怎么）能禁信之王（称王）乎？不如因而立，善遇之，使自为守；不然，变生。’汉王亦悟，因复骂曰：‘大丈夫定诸侯，即为真王耳，何以假为！’乃遣张良往立信为齐王”。

㉘全：成全，成就。

㉙太史公：司马迁自称；后来世人也以此称之。

㉚此其所以为子房：意思是这就是张子房之所以成为张子房的原因。

译文

历史上那些堪称英雄豪杰的人，一定有超过常人的志向与气概，能够忍受常人所不能忍受的恶劣境遇。一个普通人，一旦受到侮辱，必定会拔剑而起，挺身反抗，这算不上勇敢。天下有大勇的人，必定是那种突然遇到危险而不惊慌，无故遭受侮辱而不发怒的人，这是因为他们抱负很大，志向很远。

张良接受圯上老人赠书这件事，看起来有些怪异，似乎不可思议。然而我却认为，这很可能是秦朝末年的一位隐居民间的高人，有意用这种方式考验、启发张良，让他耐心等待时机，在乱世有所作为，成就一番事业。你看，他用穿鞋、赠书这种曲折隐晦的方式表达自己的意图，就说明这一点，因为古代圣贤之间相互警戒、砥砺，用的都是这种方式。可是世人却不明白其中的奥秘，认为老人在装神弄鬼，这种看法太荒谬了。再说，老人的用意也不在书上。把韩国灭掉以后，秦国很快就吞并了天下，建立了秦王朝，力量非常强大，它用各种残酷手段镇压天下人，谁拿它也没有办法。秦王朝的刑罚太严酷，根本没有机会推翻它。在这种情况下，张良忍不住心中的愤恨之情，凭着一个人的力量，在博浪沙暗杀秦始皇。此后，张良虽逃过追捕，但处境一直十分危险，随时可能被捕被杀。俗话说，身份高贵的人，不会死于盗贼之手，这是为什么呢？因为自己身份高贵，犯不着为了一点儿钱财去跟盗贼拼命。张良有盖世无双的才干，不效法伊尹、太公，考虑如何安邦治国，却学习荆轲、聂政去搞暗杀，这大概就是圯上老人为他深感惋惜的原因。老人之所以要那样傲慢无礼地折辱他，是要考验他，诱导他。后来看到张良能忍受一时之辱了，估计他日后可以成就一番大事业，才说“孺子可教也”，并把那部兵法赠给他。

当年楚庄王伐郑，郑襄公肉袒表示请罪，牵羊表示慰问，最后取得谅解；越王勾践被吴国打败以后，带着妻子去吴国当人质，为吴王做了三年的奴仆，最后复国灭吴：他们成功的原因，都在于能忍受一时之辱。

汉高祖刘邦之所以胜利，楚霸王项羽之所以失败，原因也在于忍与不忍——前者能忍，后者不能忍。

太史公在其《留侯列传》中说，张良有盖世无双的才干和辉煌无比的成就，原以为他一定是一个身材魁梧的伟男子，可是看了他的画像才发现，他竟生了一副女人相，便觉得这种长相与他的胸襟气度很不相称。我的看法是，张良之所以为张良，原因或许就在这里吧！

前赤壁赋①（节录）

苏　轼

原文

壬戌之秋②，七月既望③，苏子与客，泛舟游于赤壁之下。清风徐来，水波不兴。举酒属客，诵“明月”之诗，歌“窈窕”之章④。少焉，月出于东山之上，徘徊于斗、牛之间⑤。白露横江，水光接天。纵一苇之所如⑥，凌万顷之茫然⑦。浩浩乎，如冯虚御风⑧，而不知其所止；飘飘乎，如遗世独立⑨，羽化而登仙⑩。

注释

①前赤壁赋：这是一篇赋体散文。作者在艺术方面有无与伦比的天赋才华和后天造诣，不幸生当党争激烈的北宋，更不幸生当王安石变法之际，其政见与新旧两派均不合：既不赞成王安石的过激改革，又反对司马光的因循守旧，不思进取，因此被两派排挤，一再遭贬，甚至被捕入狱，差一点儿丢了性命。出狱后被贬到黄州（故地在今湖北黄冈）任团练副使，名义上为降级外放，仍然做官，实际上是对他实行政治软禁，因为在这里他不得签署公文，更不得擅自离开安置处所。这篇《前赤壁赋》和它的姐妹篇《后赤壁赋》，就是在这种背景下于黄州写成的。前者写的是秋天景色，后者写的是冬日风光，都以赋体常用的主客问答形式写成，内容是描写所观，抒发所感，也就是借景抒情。《前赤壁赋》虽然通过怀古感今，抒发了作者的抑郁不平之情，但是其格调还是豁达开朗，积极进取的。这里节录的是《前赤壁赋》的开头部分，写的是秋夜江上风光、主客江上泛舟情景和作者的感受，文字非常优雅。

②壬戌：宋神宗元丰五年的干支纪年，即公元 1082 年。

③既望：我国古代历法称月相最圆的一天为“望日”，这一天常为农历

每月的十五日；既望就是过了十五，即十六日。

④“举酒属（zhǔ）客”三句：属，劝酒。“明月”之诗、“窈窕”之章，这里泛指《诗经》中的篇章。

⑤斗、牛：我国古代天文学把天上某些星的集合体称为宿（xiù），如二十八宿等。斗、牛是二十八宿中的两个星宿，斗宿又称南斗，牛宿又称牵牛（不是与织女星相对的牵牛星），二者均在银河南端。

⑥纵：放纵，任凭。一苇：一片苇叶，比喻所乘之舟很小很轻。如：去，往，这里是漂荡的意思。

⑦凌：越过。茫然：辽阔无边的样子。

⑧冯（píng）虚御风：冯，通“凭”，依着，靠着。虚，太虚，即天空。御，驾驭。

⑨遗世独立：超然于现实世俗世界之外。

⑩羽化：道教把成仙叫做羽化，意思是凡人变成一片鸟羽飞升到天上，成了神仙。

译文

壬戌年的秋天，七月十六日那天晚上，我与朋友们同乘一叶小舟，到赤壁之下的江面上游玩散心。清爽的秋风徐徐吹来，江面静静的，一丝波纹也没有。我举起酒杯，向朋友敬酒，劝他们多饮几杯；我们一边开怀畅饮，一边乘兴朗诵《诗经》中那些优美的篇章。不一会儿，月亮从东边的山巅升起，并在斗宿和牛宿之间缓缓移动，越升越高，十分皎洁，非常明亮。月光倾泻下来，辽阔的江面上像洒了一层白霜，放眼远望，只见波光闪闪，江水与青天连在一起，壮观极了。我们的小舟宛如一片轻飘的苇叶，在江面上任意漂荡，漂来荡去，走了很远很远。这时候，我觉得我好像在浩浩无边的天空驾着长风到处巡游，不知道将停在何处；又像在不停地向上飘动，将要离开尘世，飞升成仙。

喜雨亭记[1]

苏 轼

原文

亭以雨名，志喜也[2]。古者有喜，则以名物[3]，示不忘也。周公得禾，以名其书[4]；汉武得鼎，以名其年[5]；叔孙胜狄，以名其子[6]。其喜之大小不齐，其示不忘一也。

予至扶风之明年，始治官舍[7]。为亭于堂之北，而凿池其南，引流种树，以为休息之所。是岁之春，雨麦于岐山之阳[8]，其占为有年[9]。既而弥月不雨[10]，民方以为忧。越三月，乙卯乃雨[11]，甲子又雨，民以为未足。丁卯大雨，三日乃止。官吏相与庆于庭[12]，商贾相与歌于市[13]，农夫相与忭于野[14]，忧者以喜，病者以愈，而吾亭适成[15]。

于是举酒于亭上，以属客而告之[16]，曰："五日不雨可乎?"曰："五日不雨，则无麦。""十日不雨，可乎?"曰："十日不雨，则无禾[17]。""无麦无禾，岁且荐饥[18]，狱讼繁兴而盗贼滋炽[19]。则吾与二三子虽欲优游而乐于此亭，其可得耶?今天不遗斯民[20]，始旱，而赐之以雨，使吾与二三子得相与优游而乐于此亭者，皆雨之赐也。其又可忘耶?"

既以名亭，又从而歌之，曰："使天而雨珠[21]，寒者不得以为襦[22]；使天而雨玉，饥者不得以为粟。一雨三日，伊谁之力[23]?民曰：'太守[24]。'太守不有，归之天子。天子曰：'不然。'归之造物[25]。造物不自以为功，归之太空。太空冥冥[26]，不可得而名。吾以名吾亭。"

注释

①喜雨亭记：本文是作者在凤翔府任签书判官时写的。凤翔古名扶风，故地在今陕西省凤翔县一带。作者到任的第二年，主持修缮官舍，在官舍内新建一座供休闲用的亭子。当时久旱不雨，就在亭子落成的时候，恰好下了

一场雨，作者大喜，就以“喜雨”二字为此亭命名，并作了这篇记。文章表现了作者关心民瘼的品格，文笔灵动，语调轻快，别具艺术魅力。

②志：记。

③名物：为物取名。名，动词，命名。

④“周公得禾”二句：据《尚书·微子之命》记载，周成王的同母弟唐叔不知从何处得到一株奇异的稻穗，献给成王，成王又把它转送给周公。周公接受这株稻穗后，作《嘉禾》一文，表示谢意。

⑤“汉武得鼎”二句：据《汉书·孝武本纪》记载，汉武帝刘彻在元狩七年夏，在汾河上得到一尊宝鼎，于是便把年号由“元狩”改为“元鼎”。

⑥“叔孙胜狄”二句：据《左传·文公十一年》记载，北方狄人侵犯鲁国，鲁国大夫叔孙得臣率军抵抗，击败狄军，并俘获其将侨如。后叔孙得臣给自己的儿子取名“侨如”，以纪念这次胜利。

⑦治：修葺，修缮。

⑧雨（yù）麦：种麦。岐山：山名，在今陕西省凤翔县东北部。阳：山南水北为阳。

⑨占：占卜。有年：大有之年，即丰收之年。

⑩弥月：整整一个月。

⑪乙卯：此处和以下的干支，都是纪日的。乙卯，指农历四月初二；甲子，指四月十一日；丁卯，指四月十四日。

⑫官吏：官，相当于今天西方公务员中的政务官，当时由朝廷委任，有职有权有责，是所谓领导者；吏，相当于今天西方公务员中的事务官，有职有分，但无权无责，是所谓的办事人员。古代官府，官与吏分得很清楚。庭：院子。

⑬商贾（gǔ）：各类商人的统称。

⑭忭（biàn）：欢欣，高兴。

⑮适：恰好。

⑯属（zhǔ）：敬酒、劝酒。

⑰禾：这里指谷子。

⑱荐饥：连年饥荒。荐，重，一再，多次。

⑲滋炽（chì）：人数众多，而且气焰嚣张。

⑳遗：遗弃。

㉑雨（yù）珠：下珍珠。

㉒襦（rú）：短衣，短袄；这里泛指御寒的棉衣。

㉓伊：语气助词，无义。

㉔太守：这里泛指府、州长官。此时的凤翔知府不是苏轼，而是宋选。

㉕造物：即造物主，古人心目中主宰万物的神灵。

㉖冥冥：高远渺茫的样子。

译文

用“雨”字来给新建的亭子命名，是为了纪念喜庆的事情。自古以来有了什么喜庆的事情，就拿它来给东西命名，以表示永志不忘。这已经成为一个传统。例如，周公得到周成王转赠的一株奇异的稻穗，为了表示感谢，写了一篇文章，题目就叫《嘉禾》；汉武帝从汾河上得到一尊宝鼎，就把年号由“元狩”改为“元鼎”；叔孙得臣率兵击败侵犯鲁国的北方狄人的入侵，并俘获了狄兵将领侨如，就给自己的儿子取名“侨如”，等等。喜庆之事有大有小，各不相同，但表示永志不忘的意图则是一样的。

我到凤翔府任职的第二年，着手主持修缮官员们居住的房舍。这次修缮，我特意在厅堂的北面新建了一座亭子，在厅堂的南面挖了一个池塘，引来水，种上树，为官长和吏员提供一个公务之余休闲的场所。这年的春天，当地的百姓们在岐山南坡种了好多麦子，预计会有个好收成。没有想到的是，后来整整一个月，没下一滴雨，百姓们就开始犯愁了，担心颗粒无收，还枉费了种子。然而一过三月，竟一连下了三场雨，麦子逐渐长起来，而且长势喜人。于是各方人等都高兴极了：长官和吏员们在衙门院子里共同庆贺，商贩们在街市上一齐高歌，农夫在田野里欢天喜地、兴高采烈，发愁的人转忧为喜，生病的人豁然痊愈，而我主持修建的亭子也恰好在这个时候落成了。

为了欢庆天降喜雨，长官在亭子上举办了一场酒宴。我一边劝客人们饮酒，一边问他们：“如果再有五天不下雨，行不行?”

客人们说：“再有五天不下雨，今年的麦子就没有收成了。”

我又问：“再有十日不下雨呢?”

客人们说：“再有十天不下雨，今年连谷子也没有收成了。”

我接着说：“如果麦子没有收成，谷子也没有收成，将会造成连年饥荒，那时候不但告状打官司的会多起来，而且会盗贼人数众多、气焰嚣张。一旦出现这种局面，我和在座的各位朋友即使想在这个亭子上悠游自在地聚会取乐，也办不到了。如今幸亏上天眷顾这里的百姓，刚一出现旱情就普降喜雨，使我和在座各位能够在这个亭子悠游自在地聚会取乐，这都是喜雨给予我们的，我们可不能忘记这三场喜雨呀！”

用“喜雨”给亭子命名之后，我又写了一首歌来赞颂喜雨。歌词是：假如上天降下的不是雨而是珍珠，那么受冻的人也不能拿珍珠做衣裳去御寒；假如上天降下的是美玉，那么挨饿的人也不能拿美玉当粮食去充饥。一场雨下了整整三天，这是谁的功劳？百姓们说应当归功于太守。太守说，自己没有立下这份功劳，应当归功于天子。天子也说自己没有立下这份功劳，应当归功于万能的造物主。造物主不认自己有功劳，就归功于太空。太空高远渺茫，想象不出它究竟什么样子，因而无法给它取名。无奈，我只好把“喜雨”二字给予这座亭子，给它取名“喜雨亭”。

卖柑者言①

刘 基

原文

杭有卖果者②，善藏柑，涉寒暑不溃。出之烨然③，玉质而金色。置于市，贾十倍，人争鬻之。予贸得其一，剖之，如有烟扑口鼻，视其中，则干若败絮④。予怪而问之曰："若所市于人者⑤，将以实笾豆⑥、奉祭祀、供宾客乎？将衒外以惑愚瞽也⑦？甚矣哉为欺也⑧！"

卖者笑曰："吾业是有年矣⑨，吾赖是以食吾躯⑩。吾售之，人取之，未尝有言，而独不足子所乎⑪？世之为欺者不寡矣⑫，而独我也乎？吾子未之思也⑬。今夫佩虎符、坐皋比者⑭，洸洸乎干城之具也⑮，果能授孙、吴之略耶⑯？峨大冠、拖长绅者⑰，昂昂乎庙堂之器也⑱，果能建伊、皋之业耶⑲？盗起而不知御⑳，民困而不知救，吏奸而不知禁，法斁而不知理㉑，坐縻廪粟而不知耻㉒，观其坐高堂，骑大马，醉醇醴而饫肥鲜者㉓，孰不巍巍乎可畏㉔，赫赫乎可象也㉕？又何往而不金玉其外、败絮其中也哉？今子是之不察，而以察吾柑！"

予默默无以应，退而思其言，类东方生滑稽之流㉖。岂其愤世疾邪者耶？而托于柑以讽耶㉗？

注释

①卖柑者言：这是一篇令人捧腹喷饭，拍案叫绝的政治寓言、讽刺小品，识见深刻峻厉，文笔生动有趣，值得再三读之。作者刘基，就是那位于元末明初辅佐小和尚朱元璋夺天下、定江山，据说上知天文，下晓地理，能掐会算的权术大腕刘伯温。文章旨在讽刺、嘲笑历代官场那些并无真才实学与高尚人格，却身居高位，手握重权，安享厚禄，而尸位素餐，无所作为的文臣武将，无意间揭露、批判了中国传统政治制度的腐朽与黑暗，今日读之，仍能启人遐想。

②杭：即杭州。

③烨（yè）然：光鲜耀眼的样子。

④败絮：破旧的棉絮。

⑤若：第二人称代词，你。市：出售，卖。

⑥实：动词，充实，放进器具之中。笾（biān）豆：古代宴会时盛食物或祭祀时放供品的器具，竹编的叫笾，木制的叫豆。

⑦衒：通“炫”，炫耀，夸耀。惑：迷惑，愚弄，欺骗。愚：傻子。瞽（gǔ）：瞎子。

⑧甚：严重，过分。

⑨业：动词，以……为业，即经营。是：指示代词，这，即卖水果。

⑩食（sì）：养活。

⑪子：对他人的敬称，相当于今天的“您”。所：所需所求。

⑫寡：少。

⑬未之思：即未思之。

⑭虎符：即兵符，古代调兵遣将的凭证。皋比（gāo pí）：披在坐椅上的虎皮。这两种东西都是武将用的。

⑮洸（guāng）洸：威武的样子。干（gān）城：捍卫国家。干，盾牌；这里用作动词，捍卫、保卫的意思。具：人才。

⑯授：通“受”，接受，理解，懂得。孙、吴：孙指春秋时军事家孙武，吴指战国时军事家吴起。略：韬略，智谋。

⑰峨大冠：头上戴着高高大大的官帽。峨，高耸。拖长绅：腰间垂着长长的带子。绅，古代高官束在腰间并垂下一段作为装饰的大带子。冠和绅是文臣用的东西。

⑱昂昂：正襟危坐，神气十足的样子。庙堂：指朝廷。器：这里是朝廷重臣的意思。

⑲伊、皋：指伊尹和皋陶（yáo）。伊尹曾辅佐商汤治理天下，皋陶曾辅佐舜帝治理天下，两人都被后世奉为贤臣的代表人物。

⑳御：这里的意思是事前防备和事后剿灭。

㉑斁（dù）：败坏。

㉒縻：通“糜”，耗费，消耗。廪粟：国家仓库里的粮食；这里指俸禄。

㉓醇醴（lǐ）：味道醇香的美酒。饫（yǔ）：饱餐，大吃。鲜肥：鲜是鱼，肥是肉；这里指美味佳肴。

㉔孰：谁。巍巍，庄严的样子。

㉕赫赫：显耀的样子。象：动词，取象，即效法、学习。

㉖类：类似，好像。东方生：西汉武帝时的辞赋家，姓东方，名朔，曾任太中大夫，以善于用滑稽表演进行讽谏而著称。滑稽：诙谐有趣，能言善辩。

㉗托：假托，借助。讽：讽刺，批评。

译文

杭州城有个卖水果的商贩，特别善于贮藏柑子。他卖的柑子，即使经过严寒与酷暑，也不会腐烂，无论什么时候拿出来往摊儿上一摆，照样光鲜亮丽，跟刚摘下来的一模一样，外观个个玉质而金色，新鲜极了；可是掰开一看，瓤儿都干了，简直像一团破旧的棉絮，根本不能吃。我感到十分奇怪，并责问他："你卖给人家的柑子，你知道用来干什么的吗？人家买回去以后，要盛在竹筐或木盘里，用来祭祀神灵祖先，或招待高贵宾客，不是用来炫耀它们那好看的外表，去愚弄傻瓜、欺骗瞎子的呀！你这样骗人，也太过分了啊！"

那个商贩听罢，笑了笑，辩解说："我干这一行已经好多年了。我是靠这来养活自己的，不然，我的日子怎么过呀？我卖柑子，人家买柑子，这么多年，还从来没有听见谁对我发过怨言，埋怨我骗人，怎么单单不能满足您的要求呀？世上耍弄骗术行骗的人很多，并非只有我一个。这个问题，您没有仔细想过，所以您刚才才会感到吃惊，觉得奇怪。如今，那些胸间揣着虎符，端坐在虎皮椅子上的武将，个个摆出一副威武不容侵犯的样子，似乎都是捍卫国家的猛将，可是他们真有孙武、吴起用兵打仗高超的韬略吗？那些头戴巍峨高耸的官帽，腰间垂着长长饰带的文臣，人人摆出一副正襟危坐、气宇轩昂的架势，似乎都是治国安邦的贤臣，可是他们真能建立伊尹、皋陶那样的伟大功业吗？这些人呀，盗贼四起他们事前不能预防、事后又不能剿灭，百姓饥寒他们不能救济，官吏作奸犯科他们不能制止，法纪败坏他们不能整治，饱食终日，无所作为，白白耗费国家的俸禄，却心安理得，不以为耻。你看他们，坐高堂，骑大马，终日美酒佳酿喝得醉醺醺的，大鱼大肉吃得肚子圆溜溜的，哪一个不是神情庄严令人望而生畏？哪一个不是声名显赫看上去值得景仰效法？可是，又有哪一个不是跟我的柑子一样，金玉其外而败絮其中呀？如今，您对这类文臣武将视而不见，却来挑剔我的柑子，真有点儿说不过去！"

听了他这番话，我无话可说，只能沉默不语。回到家里仔细想想他的话，觉得他颇像西汉滑稽大师东方朔。他那样做、那样说，大概是愤世嫉俗，借着柑子讽刺世事，批判现实吧。

瘗旅文①

王守仁

原文

维正德四年秋月三日②，有吏目云自京来者③，不知其名氏，携一子一仆，将之任④，过龙场⑤，投宿土苗家。予从篱落间望见之⑥，阴雨昏黑，欲就问讯北来事，不果。明早，遣人觇之⑦，已行矣。薄午⑧，有人自蜈蚣坡来，云："一老人死坡下，傍两人哭之哀。"予曰："此必吏目死矣。伤哉！"薄暮，复有人来云："坡下死者二人，傍一人坐叹。"询其状，则其子又死矣。明日，复有人来云："见坡下积尸三焉。"则其仆又死矣。呜呼伤哉！

念其暴骨无主⑨，将二童子持畚、锸往瘗之⑩，二童子有难色然。予曰："噫！吾与尔犹彼也！"二童闵然涕下⑪，请往。就其傍山麓为三坎⑫，埋之。又以只鸡、饭三盂，嗟吁涕洟而告之曰⑬：呜呼伤哉！繄何人⑭？繄何人？吾龙场驿丞余姚王守仁也⑮。吾与尔皆中土之产⑯，吾不知尔郡邑⑰，尔乌为乎来为兹山之鬼乎⑱？古者重去其乡⑲，游宦不逾千里⑳。吾以窜逐而来此㉑，宜也㉒。尔亦何辜乎㉓？闻尔官吏目耳㉔，俸不能五斗㉕，尔率妻子躬耕可有也㉖，乌为乎以五斗而易尔七尺之躯？又不足，而益以尔子与仆乎㉗？呜呼伤哉！

尔诚恋兹五斗而来，则宜欣然就道，乌为乎吾昨望见尔容，蹙然盖不胜其忧者㉘？夫冲冒霜露，扳援崖壁㉙，行万峰之顶，饥渴劳顿，筋骨疲惫，而又瘴疠侵其外㉚，忧郁攻其中，其能以无死乎？吾固知尔之必死，然不谓若是其速，又不谓尔子、尔仆亦遽然奄忽也㉛。皆尔自取，谓之何哉？

吾念尔三骨之无依而来瘗耳，乃使吾有无穷之怆也㉜。呜呼伤哉！纵不尔瘗㉝，幽崖之狐成群，阴壑之虺如车轮㉞，亦必能葬尔于腹，不致久暴尔。尔既已无知，然吾何能为心乎？自吾去父母乡国而来此，三年矣，历瘴毒而苟能自全，以吾未尝一日之戚戚也㉟。今悲伤若此，是吾为尔者重，而自为者轻也，吾不宜复为尔悲矣。吾为尔歌，尔听之！

歌曰：连峰际天兮飞鸟不通，游子怀乡兮莫知西东。莫知西东兮维天则同，异域殊方兮环海之中㊱。达观随寓兮奚必予宫㊲。魂兮魂兮无悲以恫㊳。

又歌以慰之曰：与尔皆乡土之离兮，蛮之人言语不相知兮，性命不可期。吾苟死于兹兮，率尔子仆，来从予兮，吾与尔遨以嬉兮㊴，骖紫彪而乘文螭兮㊵，登望故乡而嘘唏兮。吾苟获生归兮，尔子尔仆尚尔随兮，无以无侣悲兮！道傍之冢累累兮，多中土之流离兮，相与呼啸而徘徊兮㊶。餐风饮露，无尔饥兮！朝友麋鹿，暮猿与栖兮㊷。尔安尔居兮，无为厉于兹墟兮㊸。

注释

①瘗（yì）旅文：这是一篇传诵不衰的著名祭文，祭奠的是从内地远赴贵州当小官吏的一位无名氏与其子、其仆三人。当时，朝廷政治昏乱，宦官专权，作者因为冒犯宦官头目而获罪，被贬到贵州龙场驿，当一个小小的驿丞。自己虽然处于困境，但是眼见吏目主仆三人之死，仍然不禁悲从中来，亲自动手埋葬他们，并为他们写了一篇祭文。文章表现了作者悲天悯人的博大胸怀，和对恶势力不屈不挠的抗争精神，言辞恳切真挚，情调沉痛凄哀，今日读之，仍然觉得声有余哀。瘗，埋葬。旅，旅人，出门在外或客居异乡的人。

②维：语气助词，无义。正德：明武宗朱厚照的年号。

③吏目：官名，掌管官府文书的低级官吏。明代在知州之下设吏目一职，职级、薪俸均低于县令。

④之任：赴任。之，动词，去，赴。

⑤龙场：驿站名。龙场在今贵州修文县。

⑥篱落：篱笆。

⑦觇（chān）：看；这里是看望的意思。

⑧薄：靠近，逼近。

⑨暴（pù）：曝露。

⑩将：带领。畚（běn）锸（chā）：畚是簸箕，锸是铁锹。

⑪闵然：哀伤的样子。闵，通“悯”。

⑫麓：山脚下。坎：坑；这里指墓坑。

⑬涕洟（yí）：痛哭流涕。

⑭繄（yī）：句首语气词，无义。

⑮驿丞：驿，驿站，古代官方设立的供传递官府文书的差人中途更换马匹、休息、住宿，和迎送路过官员的地方，相当于现在的政府招待所。驿丞是主持驿站日常事务的官员。明正德元年（1506），作者王守仁因上疏弹劾深受正德皇帝宠信的宦官头目刘瑾而获罪，遭廷杖，受囚禁，后被贬至边远的贵州修文县龙场驿任驿丞。余姚：地名，在今浙江余姚。

⑯中土：内地。这是相对于边远地区而言。产：出生。

⑰郡邑：这里指出生的州县，也就是原籍。

⑱乌：为什么。兹：此，这。

⑲重：以……为重。去：离开。

⑳游宦：去外地做官。逾：超过。

㉑以：因。窜逐：放逐，流放；这里指被贬到外地。

㉒宜：应该，理所当然。这里意思是，由于我犯了罪，按朝廷法度论，把我放逐到这里是理所当然的。

㉓辜：罪，罪过。

㉔官：动词，担任官职。

㉕俸：俸禄，薪水。五斗：五斗米；这里是极言俸禄微薄。典出《晋书·隐逸传》。陶渊明任彭泽县令时，“郡遣督邮至县，吏曰：应束带见之”。陶渊明叹了口气，愤然答曰：“吾不能为五斗米折腰，拳拳事乡里小人耶！”遂离职而去。五斗米是陶渊明时县令的俸禄数。督邮是郡守手下的小吏。

㉖妻子：妻与子。躬耕：亲自下地干活。躬，亲自。

㉗益：增添，加上。

㉘蹙（cù）然：皱着眉头，满面愁容。

㉙扳：通“攀”，攀登。

㉚瘴疠（lì）：指我国南方山林中可致病的湿热之气。

㉛遽然：突然。奄忽：死亡。

㉜怆（chuàng）：悲伤。

㉝不尔瘗：即不瘗尔，不埋葬你们。

㉞壑（hè）：山谷。虺（huǐ）：毒蛇。

㉟戚戚：忧愁；哀伤。

㊱异域殊方：不同的地方。

㊲寓：居住。予宫：自已的家；这里指故乡。宫，房屋的通称。

㊳恫（tōng）：哀伤，痛苦。

㊴遨：畅快地游玩。

㊵骖（cān）：古代驾在车辕两旁的马叫骖，这里是驾驭的意思。彪：小虎。文：通“纹”，花纹。螭（chī）：传说中的无角龙。

㊶相与：一块，一起，共同。

㊷“朝友麋鹿”两句：这两句是互文关系，意思是终日跟麋鹿、猿猴之类动物相伴。友，以……为友。

㊸为厉：化为恶鬼为害一方。厉，厉鬼，恶鬼。

译文

正德四年八月三日那天，听说从京城来了一位吏目，不知道姓什么叫什么，带着一个儿子和一个仆人去某地赴任，路过龙场，在当地一户苗人家里借宿。黄昏时分，我隔着篱笆朝那户人家望了一眼，看见他坐在院子里，本想进去跟他打个招呼，问候问候，顺便打听一下北京的情况，但由于下着雨，天色昏黑，心想明天再来吧，就没有进去。第二天一大早，我派人去看望他时，他已经走了。快到中午时，有人来对我说：“刚才，我路过蜈蚣坡，看见一位老人死在山坡下，旁边有两个人守着他，哭得很伤心。”我说：“这一定是那位吏目死了。真令人替他悲伤啊！”快到黄昏时，又有人来对我说：“山坡下死的不是一个人，而是两个，旁边有一个人守着他们，哭得很伤心。”我向来人问清另一个死者的年龄，断定他的儿子也死了。第二天，又有人来对我说：“山坡下又多了一具尸体，总共三具。”这就是说，他的仆人也死了。哎呀，真令人替他们悲伤！

考虑到他们曝尸荒野，没有人收殓，非常可怜，我就带上两个童仆拿着簸箕、铁锹去山坡下埋葬他们。起初，两个童仆脸上露出为难的样子，不太想去，我就对这两个孩子说：“嗨！我，还有你们两个，将来的下场，很可能跟他们一样啊！”两个童仆听了我的话，都难过得哭了起来，并请求跟我一起去。到了那里，我们就在距尸体不远的山脚下挖了三个坑，埋葬了他们。临去的时候，我带了一只鸡、三碗饭，埋葬停当之后，我把这两样供品摆在坟前，祭奠他们的亡灵。当时，我悲从中来，情不自禁，一边叹气，一边流泪，对吏目祝告说：哎呀，你的遭遇实在太不幸了，真令人替你悲伤！你是谁？你姓什么，你叫什么呀？此刻，我连你的姓氏和名字都不知道。而我要告诉你的是，我是如今的龙场驿驿丞、浙江余姚人王守仁啊。我和你一样，也是内地人，但是我不知道你出生于哪个郡哪个县。你为什么不在原籍谋生，偏偏来到这蛮荒的山区做孤魂野鬼呢？古时候，人们把离开故乡当成一件非常重大的事情，外出当官，通常不会超过千里。与你不同，我是因为获罪遭贬，被流放到这里的，按朝廷法度说，理当如此。可是，你又有什么罪过呀？为什么要把你派到这里呢？听说，你的官职不过是个吏目而已，连县令的那点儿微薄俸禄也拿不到。你要是领着妻子、儿子耕田种地，一年下来，也可以得到跟你的俸禄相当的收入，可是你不这样做，却以你宝贵的生命去换那点儿微薄的俸禄，这是为什么呀？光这还不够，还白白搭上一个儿子和一个仆人，这又是为什么呀？哎呀，真让人替你悲伤啊！

你如果真是为贪恋那点儿微薄的俸禄而来，就应该高高兴兴地上路才是，可是为什么我看见你皱着眉头，一脸苦相，好像有不堪忍受的忧愁一样呢？这样一路冒着风霜雨露，攀悬崖，登峭壁，行走在千山万峰之巅，一会儿饥，一会儿渴，身体劳苦，精神困乏，累得筋疲力竭，加上瘴气瘟疫侵袭身体，忧愁抑郁煎熬心志，怎么能不死呢？我原本就断定你必死无疑，却没有料到会这么快，更没有料到你的儿子和你的仆人，会紧跟着你突然死去。请恕我说句刻薄的话，这都是你自找的，还有什么可说的啊？

我本来是因为顾念你们的遗骨没有人收拾，曝尸荒野，实在于心不忍，才来埋葬你们的，可是没有想到，面对此情此景，我竟然无比伤悲。哎呀，真令人伤心啊！这个地方，深山里狐狸成群结队，幽谷中毒蛇粗得像车轮，纵然我不来埋葬你们，你们也一定会葬身于狐狸、毒蛇之腹，不至于长久地曝尸荒野。不过话又说回来，你们虽然已经没有知觉，不会再因曝尸荒野而感到不幸与痛苦，但是我于心何忍啊！自从我离开父母、告别故乡来到这里，迄今已经整整三年了，三年之中，曾多次经受瘴气的毒害，险些丧命，最后还是勉强活了下来，都是因为我生性刚毅，遇到艰难困苦，从来不悲悲戚戚。我今天之所以如此悲伤，既是为你们，也是为自己，但主要是为你们，为自己则在其次。事已至此，又有什么办法？我不应该再为你们而悲伤了。让我给你们唱支歌吧，你们可要听仔细啊！

歌词说：

群山连绵起伏，高耸接天啊，飞鸟难通；
游子四顾茫然，怀念家乡啊，不辨西东。
不辨西东啊，头上顶的却是同一片天空；
不论身处何地啊，都在大海的环绕之中。
豁达乐观，随遇而安啊，不必留恋故乡；

游魂啊，游魂啊，不要再悲戚，不要再哀伤！

再唱一支歌，抚慰你的在天之灵。歌词说：

你与我都远离故土来到这里啊，
与当地人言语不通，彼此难以交流，
说不定哪一天就会命丧异乡，死在这里。
假若我当真死在这里，
你就带着你的儿子和仆人，
来陪伴我吧。
到了那个时候啊，
我与你们一块游玩嬉戏，
驾着紫彪，骑着文螭，
我们登高望远，朝着故乡感叹嘘唏！
假若我有幸活着回归故土，
还有你的儿子和仆人在这里陪着你，
不至于过分孤单。
路边的累累坟墓啊，
埋葬的大多是内地的流离失所之士，
你就与他们一起长啸歌哭，
结伴散步逍遥吧！
餐风饮露，免得忍饥受渴，
终日与麋鹿、猿猴做伴，共同起居，
你就在这里安心住下吧！
千万不要怀恨在心，化作厉鬼，
去村子里作祟，
惊扰那里的善良百姓。

沧浪亭记[①]

归有光

原文

浮图文瑛[②]，居大云庵[③]，环水，即苏子美沧浪亭之地也[④]。亟求余作《沧浪亭记》[⑤]，曰："昔子美之记，记亭之胜也[⑥]。请子记吾所以为亭者[⑦]。"

余曰：昔吴越有国时[⑧]，广陵王镇吴中[⑨]，治南园于子城之西南。其外戚孙承佑[⑩]，亦治园于其偏。迨淮南纳土[⑪]，此园不废。苏子美始建沧浪亭，最后禅者居之[⑫]，此沧浪亭为大云庵也。有庵以来二百年，文瑛寻古遗事，复子美之构于荒残灭没之余[⑬]，此大云庵为沧浪亭也。夫古今之变，朝市改易[⑭]，尝登姑苏之台[⑮]，望五湖之渺茫[⑯]，群山之苍翠，太伯、虞仲之所建[⑰]，阖闾、夫差之所争[⑱]，子胥、种、蠡之所经营[⑲]，今皆无有矣，庵与亭何为者哉[⑳]？虽然，钱镠因乱攘窃[㉑]，保有吴、越，国富兵强，垂及四世[㉒]；诸子姻戚，乘时奢僭[㉓]，宫馆苑囿[㉔]，极一时之盛。而子美之亭，乃为释子所钦重如此[㉕]。可以见士之欲垂名于千载之后，不与澌然而俱尽者[㉖]，则有在矣[㉗]。

文瑛读书喜诗，与吾徒游[㉘]，呼之为沧浪僧云。

注释

①沧浪亭记：沧浪亭，苏州名园。原为五代吴越国广陵郡王钱元璙的花园，入宋，归诗人苏舜钦所有。庆历五年（1045），苏氏在园内建沧浪亭，后来又以亭名为花园命名，于是，这个花园也叫沧浪亭。本文记述了此亭由沧浪亭变为大云庵，又由大云庵变回沧浪亭的缘由和经过，旨在说明沧浪亭之所以为后人所喜爱，不仅在于其园林风光优美，更在于其创建者苏舜钦才华超群与人格高洁，受人崇仰。文章怀古感今，一往情深，言语质朴简洁，笔调自然流畅，富有感染力。

②浮图：又作“浮屠”，梵语音译，意为佛。通常所指有二，一指佛教僧人——和尚，一指佛塔。这里指僧人。

③庵：小庙。庵里住的通常是尼姑，有的也住和尚。

④苏子美：即北宋诗人苏舜钦，子美是他的字。诗文俱佳，格调奔放豪迈，质朴清新，并善草书。因赞同并支持范仲淹等人的政治革新运动而遭权势集团的忌恨与排挤，被贬官。后退居苏州，于庆历五年营建沧浪亭，自号沧浪翁，并作《沧浪亭记》一篇，记其事。

⑤亟（qì）：屡次，多次。

⑥胜：优美。

⑦所以：这里表示原因。为：做，建造。

⑧吴越：即吴越国，五代十国之一。唐朝末年，镇海节度使钱镠（liú）据有今江苏、浙江、福建一带，自称吴越王，建都杭州，共传四世五主，历时七十二年，后降宋，国灭。这就是下文所说的“钱镠因乱攘窃，保有吴、越，国富兵强，垂及四世”。钱镠及其后代统治吴越期间，重视发展农业生产和文化教育事业，对当地的社会发展与进步，做出过重大贡献，且影响深远，其功绩不应抹杀。作者说“钱镠因乱攘窃”，是从正统观念出发，对钱镠及其子孙割据称王的政治合法性的否定，并不正确。

⑨广陵王：指钱镠之子钱元璙。曾任苏州刺史，封广陵郡王，沧浪亭旧址原为其花园。吴中：指苏州地区。下句中的“子城”，指苏州城的外城；子城即外城。

⑩外戚：特指帝王的母族和妻族。孙承佑：本为吴越将校，后因其胞姐被第三代吴越王钱俶（chù）封为妃而升任要职。

⑪迨（dài）：到。淮南纳土：指吴越国归顺宋朝。钱俶为吴越王时，于宋太宗太平兴国三年（978）把吴越国领地献给宋朝，以示归降。纳，交付。

⑫禅者：佛教僧人，即和尚。

⑬复：恢复，重建。构：建筑物；这里指亭子。荒残灭没（mò）之余：指废墟。

⑭朝市改易：即改朝换代，时事变迁。朝市，朝廷和街市；这里喻指社会、时代。

⑮姑苏之台：即姑苏台。在今苏州市西南姑苏山上，又称“胥台”。春秋时吴王阖闾所建，站在台上可以望见太湖。后越国攻打吴国，吴国战败，台被焚毁。

⑯五湖：指太湖及其附近地区。

⑰太伯、虞仲：据《史记·吴太伯世家》记载，此二人为周文王祖父周太王的儿子，为了辞让王位，一同离开周人的发祥地周原，来到吴地，建立了吴国。

⑱阖闾、夫差：春秋末期吴国国君，二人是父子关系。

⑲子胥、种、蠡（lǐ）：子胥即伍子胥，种即文种，蠡即范蠡，前者是吴王夫差时的吴国大夫，曾辅佐夫差伐越；后二者是越王勾践时的越国大夫，曾辅佐勾践灭吴。

⑳何为者：算得了什么。

㉑因：乘着，借着。攘窃：非法夺取。

㉒垂：传承，延续。

㉓奢僭（jiàn）：奢侈无度。僭，超越本分，不合法度。古代指地位在下者妄用地位在上者的名义或礼仪、器物。

㉔苑囿（yòu）：养禽兽、种花木的园子，多指帝王们的花园。

㉕释子：佛教僧人。钦重：景仰，敬重。

㉖澌（sī）然：冰雪融化的样子。

㉗有在：有原因。

㉘徒：辈，类。游：交游，交往。

译文

我的朋友文瑛和尚住在大云庵，是那里的住持。大云庵四面都是水，风景十分优美，这里就是北宋诗文名家苏子美所建的沧浪亭的旧址。文瑛和尚曾多次向我表示，希望我也写一篇《沧浪亭记》。他说："从前苏子美所作的那篇《沧浪亭记》，写的是沧浪亭的优美风光，您这篇要着重写一写我重修沧浪亭的原因。"

盛情难却，于是我就写了下面一些文字，聊述沧浪亭兴而废、废而兴的历史，与文瑛和尚重修沧浪亭的用意。

从前，吴越还没有灭亡的时候，广陵王钱元璙镇守苏州，在外城的西南边修建了一个花园；他的亲戚孙承佑在他的花园旁边，也修建了一个花园。到了后来，吴越国向宋太宗投降，归附了宋朝，这两个花园并没有因时事的变迁而被毁掉。入宋之后，过了好多年，这里归苏子美所有，他在花园里修建了一座亭子，取名沧浪亭，并写了一篇《沧浪亭记》；他还以亭名园，把花园的名字也改为沧浪亭。——这就是名园沧浪亭的来历。又过了好多年，一些佛教僧人买下这个花园，在这里定居下来，并把花园的名字改为大云庵。这就是沧浪亭变为大云庵的缘由和经过。建庵二百年后，文瑛和尚寻访前朝遗闻旧事，考证苏子美所修建的沧浪亭的规模和样式，在荒凉破败的废墟上，重修了一座亭子，仍取名沧浪亭。这就是大云庵又变为沧浪亭的缘由和经过。随着时间的推移，社会面貌会发生巨大变化。我曾经登上姑苏台，眺望浩渺的五湖和苍翠的群山，江山依旧，而太伯、虞仲所创立的吴国，阖闾、夫差所争得的财富，伍子胥、文种和范蠡所经营的事业，如今都已灰飞烟灭，不复存在，相比之下，区区大云庵和沧浪亭又算得了什么呢？当年，钱镠虽然乘着唐末天下大乱，窃夺地盘，建立了吴越国，自立为王，然后采取种种措施，富国强兵，使吴越国延续了四代；而他的子孙的亲戚们，也乘着时机巧取豪夺，占有财富，过着奢侈无度的生活，他们所修建的楼台馆所、花园禽苑，曾经盛极一时。可是，如今这一切都成了历史的陈迹而被后世遗忘，唯有苏子美的沧浪亭却受到僧人们的如此景仰与敬重，真是一个奇迹。由此可见，文人学士要想名垂千古，令其名字与事功不至于随着生命的逝去而消失，得另辟蹊径，仅靠生前的权势与财富是行不通的。——这就是我的《沧浪亭记》。

文瑛和尚酷好读书，尤其喜欢读诗吟诗，经常与我们这些文人交往，因而大家给他取了个雅号，称为“沧浪僧”。

蔺相如完璧归赵论[1]

王世贞

原文

蔺相如之完璧，人皆称之，予未敢以为信也。

夫秦以十五城之空名，诈赵而胁其璧[2]。是时言取璧者，情也[3]，非欲以窥赵也[4]。赵得其情则弗予，不得其情则予；得其情而畏之则予，得其情而弗畏之则弗予。此两言决耳[5]，奈之何既畏而复挑其怒也[6]！

且夫秦欲璧，赵弗予璧，两无所曲直也[7]。入璧而秦弗予城，曲在秦；秦出城而璧归，曲在赵。欲使曲在秦，则莫如弃璧；畏弃璧，则莫如弗予。夫秦王既按图以予城[8]，又设九宾[9]，斋而受璧[10]，其势不得不予城。璧入而城弗予，相如则前请曰[11]："臣固知大王之弗予城也。夫璧非赵璧乎？而十五城秦宝也。今使大王以璧故而亡其十五城[12]，十五城之子弟皆厚怨大王以弃我如草芥也[13]。大王弗予城而绐赵璧[14]，以一璧故而失信于天下，臣请就死于国[15]，以明大王之失信。"秦王未必不返璧也。今奈何使舍人怀而逃之[16]，而归直于秦？是时，秦意未欲与赵绝耳[17]。令秦王怒而僇相如于市[18]，武安君十万众压邯郸[19]，而责璧与信[20]，一胜而相如族[21]，再胜而璧终入秦矣！

吾故曰：蔺相如之获全于璧也，天也。若其劲渑池[22]、柔廉颇[23]，则愈出而愈妙于用，所以能完赵者，天固曲全之哉[24]！

注释

①蔺相如完璧归赵论：这是一篇史论。战国时，各诸侯国流传一个故事，说在秦国昭襄王当政、赵国惠文王当政的时候，赵国得到一块宝玉——和氏璧，秦国要以十五座城池换和氏璧，赵国派蔺相如带着和氏璧出使秦国。在秦国朝堂上，蔺相如智斗秦昭襄王，保住了和氏璧，使之完好无缺地

回归赵国，即所谓的“完璧归赵”。此事，在当时被认定为一个重大的历史事件。到了汉代，太史公司马迁把它载入史册，用其生花妙笔写进《史记·廉颇蔺相如列传》里，从此，这件事就成了一桩板上钉钉、确凿无疑的历史事实。蔺相如为何许人？一介凭着三寸不烂之舌混饭吃的策士也。春秋战国时期，这样的策士遍地都是，多不胜数，他们为了抬高自己，杜撰了很多这类“策士神话”，如著名的“唐雎不辱使命”的故事等。蔺相如“完璧归赵”的故事更是其中的“经典”之作。考察当时的历史情势和《廉颇蔺相如列传》所描写的故事细节，完全可以断言，“完璧归赵”的故事，根本不可能发生，或者说，根本就不曾有过这回事儿。本文对《廉颇蔺相如列传》中“完璧归赵”的故事进行分析，指出其不合情理之处，持之有故，言之成理，识见不同凡响，值得一读。于不疑处有疑，是本文的最大特点；说理逻辑谨严，能够自圆其说，则是本文的最大长处。但是，作者立论的前提是认定“完璧归赵”确有其事，又使自己陷入矛盾之中，无法解释，只得搬出天命论以为遁词，这又是本文的最大缺点，不可不察。蔺相如，策士（辩士）出身，赵国大夫。璧，和氏璧。相传为春秋时楚国人和氏（卞和）所发现的一块宝玉，人称“和氏之璧”，简称“和璧”。历史上是否曾确有此璧，后来又流落何处，如今已经无法确考。

②胁：胁迫。

③情：这里是真情、实情的意思。

④窥：本义为偷看，这里是试图吞并的意思。

⑤两言：指上面所说的“予”与“不予”两种应对方法。决：这里是把问题解决或把事情办妥的意思。

⑥挑：挑逗；激发。

⑦曲直：曲，无理，理亏；直，有理，占理。

⑧按图：察看准备划给赵国的那十五座城池的地图。按，察看。

⑨九宾：九宾礼，又称“九仪”。宾，通“傧”，即傧相，古代大型典礼所设的迎送宾客的执事官员。九宾礼是古代各诸侯国外交事务中的一种隆重仪式，设傧相九人，传呼迎侍。

⑩斋：斋戒。古人在祭祀神灵、祖先或参加隆重典礼之前，沐浴更衣，不饮酒，不吃荤，不与妻妾同寝，清心洁身，以示虔诚，称斋戒。

⑪前请：上前施礼，请求对方允许发表意见。前，名词作状语，向前。

⑫亡：失去。

⑬厚：深深地，严厉地。草芥：小草。

⑭绐（dài）：欺骗。

⑮就死于国：为国家的尊严与利益而死。

⑯使：派遣。舍人：身边的随从。

⑰绝：绝交，断绝两国之间的外交关系。

⑱僇：通“戮”，杀戮，杀死。市：市朝，众人聚集的地方。

⑲武安君：秦国名将白起，武安君是其封号。邯郸：当时的赵国都城。

⑳责：有二义，当“璧”为其宾语的时候，意思是强行索取，当“信”为其宾语的时候，意思是严厉谴责。

㉑族：动词，灭族，即把全族的人都杀掉。

㉒劲：指立场强硬，不妥协，不让步。

㉓柔：指态度温和谦让。

㉔曲：有意，刻意。

译文

对于蔺相如在秦国朝堂上勇敢、机智地对付秦王，使和氏璧完好无损回归赵国，世人都交口称赞，而我却不以为然。

当初，秦国以十五座城池的空头许诺欺诈赵国，威胁赵国把和氏璧送给它，这时候秦国说它想要的只是和氏璧也是实情，并不是想借此挑起事端，吞并赵国。在这种情况下，赵国应当采取什么对策，与秦国周旋呢？可行的方案有两个：一是，赵国如果了解秦国的真实意图，就不给它；如果不了解秦国的真实意图，就给它。二是，赵国如果了解秦国的真实意图又害怕它，就给它；如果了解秦国的真实意图却不害怕，就不给它。无论采取哪个方案，都能化解矛盾，可是赵国君臣既害怕强暴的秦国，又去冒犯它，惹它发怒，这又是何必呀！

和氏璧是一件天下共知的稀世珍宝，谁都想把它占为己有。现在，秦国想要和氏璧，赵国不愿把和氏璧奉送秦国，前者的想法合乎人情，后者的做法合乎事理，所以双方之间原本无所谓谁有理，谁无理。如果赵国把和氏璧给了秦国，秦国却违背承诺，不把那十五座城池划给赵国，那么理亏的就是秦国；如果秦国把十五座城池划给了赵国，赵国却把和氏璧偷偷送回本国，那么理亏的就是赵国。要想使秦国理亏，最好的办法是舍弃和氏璧；害怕失去和氏璧，最好的办法是顶住不给。然而实际情况却是，秦王先察看地图，为以地换璧做好准备，又设九宾大礼，斋戒沐浴，打算举行一个庄严隆重的仪式，与对方进行交换。在这种情况下，秦国已经不得不把那十五座城池划给赵国了。退一步说，赵国把和氏璧给了秦国，而秦国却不把那十五座城池划给赵国，蔺相如完全可以上前谴责秦王，说："我原先就断定大王不会把那十五座城池划给赵国。眼前的事实证明，我的估计不错。这块和氏璧，天下人都知道属于赵国，是赵国的宝物。而那十五座城池，则是秦国的宝物。如今，假若大王为了换取和氏璧，而失去十五座城池，那么这十五座城池的百姓就会痛恨大王，说大王把他们视若草芥，毫不吝惜地抛弃了。如今大王不把那十五座城池划给赵国，用欺诈手段骗走了赵国的和氏璧，这样就会由于区区一块玉璧而在天下人面前丧失信誉，为此，我愿意死在大王面前，让天下人都知道你说话不算数，不可信任。"听了蔺相如这番义正词严、慷慨激昂的话，秦王权衡一下利弊得失，很可能会把和氏璧归还赵国。可是，蔺相如为什么不这样做，却让手下携璧逃走，让秦国在道义上占理，使赵国在道义上输理呢？真令人困惑不解。要知道，当时秦国的外交谋略是继续维持两国之间的关系，并不想跟赵国决裂。假使秦王得知蔺相如让手下携璧逃走之后勃然大怒，而把蔺相如斩首示众，并派大将白起率领十万大军把赵国都城团团包围起来，向赵王索取和氏璧，并指责赵国不讲信义，可以断言，双方交战，赵国必败无疑。结果必然是，秦国首战告捷之后，蔺相如被赵王灭族；秦国再战告捷之后，为了避免亡国，赵王只得俯首听命，乖乖地把和氏璧献给秦王。

因此我认为，蔺相如之所以能够保住和氏璧，使它完好无损地回归赵国，完全是天意。他当初在渑池之会上的强硬表现，后来对廉颇的温和与谦让风度，只是表明他为人处世的手段越来越成熟，越来越巧妙而已，无论是办外交，还是理内政，他实在没有什么高明之处。总之，赵国之所以能够暂时幸存下来，是上天有意偏袒、保佑它。

古韵体验

Gu Yun Ti Yan

古文观止

读《古文观止》，如同跨入了中国古籍文化的巍峨殿堂，触目所见，多篇作品，都焕发着奇光异彩，闪耀着灼见真知，叫人一读就难舍难分，越读越感到意蕴无穷。

钱钟书先生曾说，古代于人类的小孩子时期，古代是幼稚的，几千百年的长进，才慢慢地进化到现代；读可以增进对现代文明的骄傲，中好多浅薄的见解非纠正不可。最近我重读了一遍，也觉到古人真是幼稚得可爱，那些正儿八经的散发着节气的见解，如不纠正必“贻害”后人。我以钱先生为榜样，拈出几则故事，反面教材，以警醒世人。一、丧欲速贫。此言出自《檀弓》，意思是不作官了，应该迅速穷下去，以免别人误会他在位时是个贪官。儒家弟子才有这般迂腐！俗话说，三年清知府，十万雪花银。君不见，高官下野大多暴富？只因在台上时，纵有千八百万也不敢露财，下台了修高楼、泡包厢，又有谁管得着？在台上时生意不敢“做明”，与大款不敢傍得太紧，下台了正好利用旧日关系，以权易钱。昔日做官，今日为款，潮流每每如此。二、如棠观鱼 鲁隐公想要到棠地看捕鱼，臧僖伯为此发了一大通议论，反对隐公去。鲁隐公只好说：“吾将略地焉。”看来臧僖伯是个不识时务，没读过“下级学”的书呆子。上级有雅兴下乡钓鱼，他不备小车、不置钓具，陪锻炼身体，还要“称疾不从”，天底下有这样的傻子吗？奇怪的是，古文中这类角色还真不少，比方说里革，比臧僖伯还要恶劣，鲁宣公服看着就要拉一大网鱼起来，他竟然挥刀割断鱼网——好在“适者生存”，人注定要“自然淘汰”。三、民将筑台于夏氏 陈灵公是古代最著名的昏君，他与夏征舒的母亲有染，还要老百姓在夏家修个高台，以致于章子大摇其头，预言陈国必亡。看来，陈灵公吃亏在于他太老实，假若他生在现代，就决不会大张旗鼓地修屋筑高台了，而是要发展“两非经济”“路边经济”，“夜来香”，明日“康乐城”，不亦快哉！四、杜蒉扬觯 晋平公与师旷、李调一起饮酒作乐，杜蒉进来让师旷喝了一杯，又让李调喝了一杯。平公觉得奇怪，问了原因，罚一“觯”。这是“杜举”一词的来由。看来浪费人材的“古而有之”，象杜蒉善于劝酒的人材，当“公关”或是办公室主任，才真正物尽其材。甚矣！平公之无珠。五、白珩犹在乎？赵简子招待楚国客人，故意把身上的佩玉撞得叮当作响，并问客人：“你们楚国著名的玉器白珩还在吗？”看赵简子的举止，让我感叹那时真是落后——一块石头是宝贝？少见多怪！假若他有幸在现代混个一官半职，他会拿出手机说：“这是哥们才送的，款式新，功能强，上网、发短信息、传真样样搞定。你的呢？怎么那样老土？砖头似的！”

卷一周文中的《子鱼论战》讲述了宋襄公不听司马子鱼的劝告，使得自己的军队全军覆没。我们的生活也是如此，要多听取别人的建议，然后再自己做决定。《古文观止》中的文言文虽然难读，但是自身蕴含着丰富的文学色彩。是我们所有学生的必须品。

由于时间有限我只是读了一遍《古文观止》，我深深地了解这对于我远远不够，所以我还会更细更慢的咀嚼这部作品，让自己能体会到文言之美，开卷有益，古人诚不欺我。

《古文观止》所选之文上起先秦，下迄明末，大体反映了先秦至明末散文发展的大致轮廓和主要面貌。

唐宋文部分，《古文观止》中主要选进了唐宋八大家的文章，即唐代的韩愈、柳宗元和宋代的苏轼、苏洵、苏辙、欧阳修、王安石、曾巩。其选文的思想性体现在各种议论性文字中。

以《原道》为例，韩愈开宗明义地提出了他对儒道的理解：“博爱之谓仁，行而宜之之为义，由是而之焉之谓道，足乎己、无待于外之谓德。仁与义为定名，道与德为虚位。”令人深思。

柳宗元《捕蛇者说》谈到“孰知赋敛之毒，有甚是蛇者乎”，即苛政猛于虎。《五代史伶官传序》说“忧劳可以兴国，逸豫可以亡身，自然之理也。”苏洵《六国论》提出并论证了六国灭亡“弊在赂秦”的精辟论点，“借古讽今”，抨击宋王朝对辽和西夏的屈辱政策，告诫北宋统治者要吸取六国灭亡的教训，以免重蹈覆辙。苏轼《石钟山记》谈到“事不目见耳闻，而臆断其有无，可乎？”《游褒禅山记》说明了“世之奇伟、瑰怪、非常之观，常在险远。”的道理。艺术上，《原道》的行文“翻出许多议论波澜。其议论笔力，足以陵厉千古”。整篇文章行云流水，一气呵成。《醉翁亭记》连用二十一个“也”字煞句，读来只觉得神采飞扬，摇曳生姿，而绝无单调重复之感。《秋声赋》浑然天成，章法曲折变化，而语句圆融轻快，情感节制内敛，语气轻重和谐，语言清丽而富于韵律，像“其色惨淡，烟霏云敛；其容清明，天高日晶；其气栗冽，砭人肌骨；其意萧条，山川寂寥”把秋天的气氛渲染得极好。《赤壁赋》更是体现了自由豪放，恣肆雄健的阳刚之美。如“徘徊于斗牛之间”的“徘徊”；“渺沧海之一粟”的“渺”，都是一字千钧，读来似铿锵作金石声。其余不再一一赘述。

最后是明文部分。这部分选的文章在艺术性上略逊前文，但思想上有所推陈出新。仅举数例。

《阅江楼记》中描写“登览之顷，万象森列，千载之秘，一旦轩露。岂非天造地设，以俟大一统之君，而开千万世之伟观者欤？”不失大气庄重。刘基《卖柑者言》由买卖一个坏了的柑橘的小事引起议论，假托卖柑者的一席话，“又何往而不金玉其外，败絮其中也哉”，揭露了元末统治者的腐败弊政，抒发了愤世嫉俗之情。行文亦有可圈可点之处。

《五人墓碑记》描述了明朝末年的东林党人和苏州人民不畏强暴与魏忠贤之流英勇斗争的事迹，歌颂了其中五人“激昂大义，蹈死不顾”的英雄气概，揭示了“明死生之大，匹夫之有重于社稷”的主题思想。

总而言之，《古文观止》是一部纵横交美，兼具艺术性和思想性的好文选。言其纵，是因为编者按历史的流程将一位位最优秀的作家最具代表性的作品依次编录，读之如同漫步中国古代散文发展史的长廊，因枝求叶，可以毫不费力地体会其发展脉络走向；言其横，则是指《古文观止》几乎收存了我国古代文章的各种样式和各类内容。仅从《古文观止》一书，就能窥见历代最杰出的思想闪光与艺术成就，这应是《古文观止》最大的好处。

延伸阅读

Yan Shen Yue Du

古文观止

文化延伸

——与本书内容有关的图书、影视

《唐宋八大家文钞》

研究缩影

《唐宋八大家文钞》是明代茅坤编定的一本书。此书流行以后，“唐宋八大家”的说法才得以固定下来。自那时起，学古文者皆以八大家为宗师，唐宋八大家的影响也愈来愈大。唐宋八大家是指唐朝的韩愈、柳宗元，宋朝的欧阳修、苏洵、苏辙、苏轼、曾巩、王安石。

《文选》

研究缩影

《文选》是梁代昭明太子萧统(501～531)编辑的，现在所能见到的最早的诗文总集。它收录从先秦到梁代八九百年间一百三十位作者的五百一十四篇各种体裁的文学作品，成为历代文人学习的榜样。民间曾有“《文选》烂，秀才半”的谚语。

《四库全书》
出版社: 中华书局
译者: 方勇　译注
出版年: 2010.6

研究缩影:

《四库全书》是我国现存最大的一部官修丛书，是清乾隆皇帝诏谕编修的我国乃至世界最大的文化工程。全书分经、史、子、集四部，故名四库。据文津阁藏本，该书共收录古籍3503种、79337卷、装订成36000余册。经史子集四分法是古代图书分类的主要方法，它基本上囊括了古代所有图书，故称“全书”。清代乾隆初年，学者周水年提出“儒藏说”，主张把儒家著作集中在一起，供人借阅。这是编纂《四库全书》的社会基础。主编是河间人纪昀（晓岚）。

名家链接

1.纪昀

(1724年6月-1805年2月)，字晓岚，一字春帆，晚号石云，道号观弈道人，清代文学家。直隶献县(今中国河北献县)人。生于清雍正二年(1724年)六月份，是中国的大文豪之一，文采超过他的人屈指可数。四岁开始启蒙读书，十一岁随父入京，二十一岁中秀才，三十一岁考中进士，官至礼部尚书、协办大学士，曾任《四库全书》总纂修官，撰写了《四库全书总目提要》。卒于嘉庆十年(1805年)二月，历雍正、乾隆、嘉庆三朝，享年八十二岁。因其"敏而好学可为文，授之以政无不达"(嘉庆帝御赐碑文)。故卒后谥号文达，乡里世称文达公。代表著作《阅微草堂笔记》。

2.曹寅

(1658—1712)清文学家。字子清，号荔轩，又号林亭、雪樵。原籍直隶丰润(今属河北)，为满洲贵族之包衣，隶正白旗。曹雪芹祖父。康熙十年(1671)，寅年十三，挑御前侍卫。后以郎中差苏州织造，改江宁织造。《四库全书总目》称其"出入白居易、苏武之间"。邓之诚以为其"诗词皆有追笔，文亦雅洁"(《清诗纪事初编》)。兼通天竺文。尝汇刻前人文字音韵书为《探亭五种》，汇刻前人文艺杂著为《林亭藏书十二种》。自著有(亭集)及杂剧《太平乐事》、《北红拂记》、传奇《虎口余生》、《后琵琶记》等。生平事迹见《清史稿》卷四八五、《清史列传》卷七一。

经典语录

1. 山不在高，有仙则名；水不在深，有龙则灵。斯是陋室，惟吾德馨。苔痕上阶绿，草色入帘青。谈笑有鸿儒，往来无白丁。可以调素琴，阅金经；无丝竹之乱耳，无案牍之劳形。南阳诸葛庐，西蜀子云亭。唐・刘禹锡《陋室铭》

2. 由俭入奢易，由奢入俭难。宋・司马光《训俭示康》

3. 人生自古谁无死，留取丹心照汗青。宋・文天祥《过零丁洋》

4. 商女不知亡国恨，隔江犹唱《后庭花》。唐・杜牧《泊秦淮》

5. 只解沙场为国死，何须马革裹尸还。清・徐锡麟《出塞》

7. 西北望长安，可怜无数山。宋・辛弃疾

8. 臣心一片磁针石，不指南方不肯休。宋・文天祥《扬子江》

9. 但使龙城飞将在，不教胡马度阴山。唐・王昌龄《出塞》

10. 居庙堂之高则忧其民，处江湖之远则忧其君。宋・范仲淹《岳阳楼记》

11. 安得广厦千万间，大庇天下寒士俱欢颜，风雨不动安如山。唐・杜甫

图书在版编目（CIP）数据

古文观止/（清）吴楚材，（清）吴调侯编校．--长春：北方妇女儿童出版社，2016．8（2021.2重印）
（中华国学经典全民阅读书库）
ISBN 978-7-5585-0061-9

Ⅰ．①古… Ⅱ．①吴… ②吴… Ⅲ．①古典散文-散文集-中国 Ⅳ．①H194．1

中国版本图书馆CIP数据核字（2016）第163856号

古文观止
GUWEN GUANZHI

出版人　刘　刚
责任编辑　吴　桐
开　本　710mm×1000mm　1/16
印　张　13
字　数　165千字
版　次　2016年2月第1版
印　次　2021年2月第3次印刷
印　刷　三河市华晨印务有限公司
出　版　北方妇女儿童出版社
发　行　北方妇女儿童出版社
地　址　长春市净月开发区龙腾国际大厦A座
电　话　总编办：0431-81629600

定　价　29.80元